西方传统 经典与解释
Classici et commentarii

HERMES

在古希腊神话中,赫耳墨斯是宙斯和迈亚的儿子,奥林波斯神们的信使,道路与边界之神,睡眠与梦想之神,亡灵的引导者,演说者、商人、小偷、旅者和牧人的保护神……

西方传统 经典与解释
Classici et commentarii
HERMES
不列颠古典法学丛编
黄涛 王涛 ● 主编

柯勒律治与现代国家理念

Coleridge and the Idea of the Modern State

［美］卡莱欧（David P. Calleo）● 著

吴安新 杨颖 ● 译　　黄涛 ● 校

华东师范大学出版社

华东师范大学出版社六点分社　策划

"不列颠古典法学丛编"出版说明

19世纪下半期以降,实证主义和历史主义催生了法学的专业化和技术化,法学视野日趋狭窄。在20世纪的法律思想中,实证法学、社会法学、经济分析法学占据了法学的大半江山,现代法学十分"自觉地"排除了有关制度与德性的思考。规范主义振振有词,鄙夷有关法理之学的哲理思考,法学最终沦为律师的技艺。

通常认为,1832年英国法学家奥斯汀出版《法理学范围之限定》,首开实证主义之风。其实,实证主义法学的基本观念早已在霍布斯的学说中埋下伏笔。想要了解实证主义的品质,有必要回到霍布斯的思想体系中检视一番,正如想要了解现代自由主义权利学说的品质,有必要追溯到洛克的政治思想体系。事实上,不列颠古典法学是现代欧洲政治法律学说的分水岭,霍布斯、洛克的自然权利学说为现代政治法律论说奠定了基本品质,并为之提供了基本的论说框架。自16世纪以来,不列颠思想家从不同角度分析探究现代政治法律文明,可谓精彩纷呈,就表达形式而言,它们或以专门化的法律著述示人,或隐藏在诗歌戏剧之中,或作为哲学体系之一环。专业的法律学人无不知晓布莱克斯通与柯克,也谙熟奥斯汀、梅因和戴雪的法律著述,他们共同缔造了至今普遍使用的法学话语。在专业化的法律学人之外,人们自然听说过像培根、霍布斯、洛克、休谟、柏克、边沁和密尔这些显赫的名字,却极少专门谈及他们的政治法律学说。还有一群人的名字光辉璀璨,但在专业研究者撰写的不列颠政治法律思想文献中却籍籍无名,他们是伟大的戏剧家、小说家和诗人。莎士比亚透过戏剧展示他对政治命运的思考,弥尔顿在写作《失乐园》的同时也撰写过论出版自由的华彩篇章,诗人雪莱甚至卷入现实政治斗争的洪流之中,面对风起云涌的激进的法国革命,柯勒律治冷静地展开沉思。罗斯金一面写着他的小说和建筑艺术的专著,一面思考着时代的社会政治问题……

在不列颠古典法学中,法学思想绝非概念的王国,这里既能找到政治家的审慎,又有文学家的敏感,也不乏哲学家的智慧和史学家的厚重。凡此种种,均给阅读和理解带来巨大困难。迄今为止,我们仍然缺乏系统梳理不列颠政治法律思想的优秀著作,对隐藏在不列颠古典作家作品中的政治法理,学人们仅停留在引证片段字句,未能有深入细致之钻研。

本丛编不从意识形态的宏大叙事入手,而是从经典作品的政治法理阐释入手,主要收罗当代西方学界对英国16世纪以来各重要法律及政治思想流派以及各派代表作家作品之深度研究与评论,旨在深化对经典作家作品的理解,为当代中国的法律及政治改革提供深度的思想资源。

古典文明研究工作坊
西方典籍编译部丁组
2015年春

目　录

中译本说明 / 1

前　言 / 1

导　论　柯勒律治和他的保守主义理想 / 3
第一章　领导与远见 / 11
第二章　哲学基础 / 29
第三章　浪漫主义语境 / 48
第四章　人性和政治理论 / 63
第五章　国家的灵魂学基础 / 76
第六章　英国宪法的理念 / 93
第七章　宪法和政治想象 / 106
第八章　国际视野 / 126
第九章　今日之民族国家 / 138

有关参考文献的说明 / 150
索引 / 155

中译本说明

汉语学界早就知道,柯勒律治是19世纪英国著名诗人,但他也是政治思想家,是所谓"保守主义"政治思想的重要代表——本书作者甚至认为,英国保守主义的真正奠基人并非柏克,而是柯勒律治,这却是汉语政治法律思想界一直以来陌生的事。

与自由主义政治思想强调个人不同,保守主义政治思想强调,没有国家也就谈不上个人的位置。柯勒律治曾运用同时代的一位思想家的观点说:"想成为人,必须首先是爱国者。"再灿烂辉煌的文化如果没有国家独立也不能得到有效的延续,会随着国家独立的丧失而衰落。

与自由主义政治思想强调商业自由在政制中的首要性不同,保守主义强调道德在政制中的首要性。柯勒律治提出,衡量一个国家的健康不能只衡量其商业繁荣,正如衡量一个人的健康不能只看他的腰围。在现代国家,随着经济学的异军突起,特别是市场经济的繁荣,"言必称经济",并用"市场"来衡量一切,使得整个社会陷入狭隘的物质主义泥沼。如果一种经济理论不考虑道德、文化和心理因素,那么这一理论是不可能被理解的,毕竟分配模式在很大程度上由社会的文化价值观决定,而不只是由人们的客观需求决定。

本书是我们所承担的重庆市社科规划项目——"非物质文化遗产保护中的县域政府角色与责任"的部分成果。理解现代国家体系中传统文化的角色，理解一个健康政府之于文化的作用，必须要从先贤那里获取真知，即需要从柯勒律治关于文化与国家独立、文化与健康政府的理论中汲取养分。本书还是重庆市教委资助的关于政府干预相关问题研究的部分成果。在那个市场经济还不发达的时代，柯勒律治就提出，市场沉浸于对生产力的狂热，忽略国家生存所依赖的其他价值，用"市场"来衡量所有的事物，将会给国家带来苦难和道德上的衰退。柯勒律治几乎是最早意识到要对"商业"进行政府干预的学者之一，他主张要在整个国家的需要中考虑"商业"的价值，政府要通过税收和国债来干预经济，通过激发"国家精神"来制衡"商业精神"。这种政府干预思想对凯恩斯的影响十分明显。在言必称市场经济的当今时代，回头思考柯勒律治的政府干预思想仍有积极意义和借鉴作用。

我们要感谢在翻译过程中给我们提供帮助的挚友们。首先感谢黄涛博士，他耐心的提醒和督促，促使翻译在艰辛中阔步前行；感谢郁乐博士，他的哲学功底及娴熟的德语，为我们解决了一个又一个疑问；感谢编辑的辛苦劳动，使得本书能以最佳的形式呈现给读者。

译者
2014年10月于山水一舍

前　言

[vii]任何研究柯勒律治(Samuel Taylor Coleridge)的人都明白，他的散文复杂精深，研究他多变的思想相当困难。但毫无疑问，他的不足之处也正是他的过人之处。在现代社会中，并不乏一些系统完备、但却思想空洞的理论。柯勒律治的思想犹如杂货铺：事物堆放杂乱，却不乏无价之宝。他的过人之处在于，在他成为一名哲学家之后，仍然保留着诗人风范，他从未让哲学家的严谨刻板影响自己作为诗人的气质。他不愿意过多探讨自己的思想，但其思想却犹如沼泽地上闪耀的奇妙之光。

但正是由于这些美好的缺点，我的任务变得十分艰巨。因为我想要从柯勒律治的思想中整理出一个完整的、内在一致的有关民族国家的理论。我的思路可能和大多数其他柯勒律治研究者们不同，我感兴趣的是他最终的理论体系，而非这些理论建立的过程。因此我主要关注的是他在1815年之后创作或修改的作品，不是因为他早期的政治作品索然无味，而是因为它们只代表了一些独特的看法和热情，而非对事物的成熟思考。不可避免地，我的表述可能会冒犯他的那些随性的理论、独特的结构以及特定的推论方式。但我预设，柯勒律治的思想，正如他希望的那样，是一个有生命力的整体，不管在可感知到的细节方面如何多样，这些理论都绝非"微小事物的巨大堆积"——他的理论体系的筋骨就是在他那富有想象力的政体理论[ⅷ]中发展形成的。在本研究中，柯勒律治被视为一个现代政治理论学家，其思想迄今仍然意义非凡。这个身份应该不会让柯勒律治感到不快。它是一代人对另一代人的恭维。

耶鲁大学的很多学者对本项研究帮助很大。莱维斯·柯蒂斯（Lewis P. Curtis）教授向我介绍了很多柯勒律治作品，向我展示了它们的丰富性。约瑟夫·柯蒂斯（Joseph T. Curtiss）教授和沃特金斯（Frederick M. Watkins）教授多次阅读手稿，提出了很多改进建议和鼓励。鲍曼（Edzard Baumann）教授、邓纳姆（William H. Dunham）教授、赫希（E. Donald Hirsch, Jr.）教授、施拉德（George A. Schrader, Jr.）教授和维斯（Paul Weiss）教授阅读了部分章节，提出了很多改进建议。当然文中的谬误和他们没有关系，但他们可能更容易看出文中不时出现的那些闪光点。

我还要感谢埃德温·柯勒律治（Aldwyne H. B. Coleridge），感谢他允准援引柯勒律治手稿，感谢科伯恩（Kathleen Coburn），感谢她不时的热情帮助和美好祝愿。我在伦敦对柯勒律治笔记的研究，要感谢戴维森（Rosemary Davidson）。

我也要感谢四名研究生，他们做了大量勤苦的抄写和研究工作，他们是：蔡平（Allan M. Chapin），埃德蒙兹（Anthony O. Edmonds）、休斯顿（Andre F. Houston）和斯蒂尔曼（Peter G. Stillman）。最后我要感谢两位朋友库伯（Henry Cooper）和克劳利（Douglas Crowley）以及一些我不知道名字的牛津大学研究生，他们在一个平和的夏季从爱琴海中拯救了整个手稿。

卡莱欧

纽黑文

1965 年 11 月

导论　柯勒律治和他的保守主义理想

[1]在英国所有伟大的文学人物中,柯勒律治(Samuel Taylor Coleridge)毫无疑问是最多才多艺的一个。① 三首著名诗歌显示了他作为诗人的天赋。作为一位报刊评论员,他才华横溢、广受欢迎。时至今日,他仍是英国文学评论中首屈一指的人物之一。当代学者还发现,他还是一位伟大的心理学家,对人类思想创造性过程进行了敏锐分析。他的哲学思想曾被认为不值一提,但近年来

---

① 塞缪尔·柯勒律治(1772-1834)生于德文郡奥特里·圣·玛丽教堂(Ottery St. Mary Church)。其父亲约翰·柯勒律治(John Coleridge)牧师是当地一所语法学校的校长。柯勒律治是家中最小的孩子。他十岁时被送入基督学校,1791年入读剑桥大学基督学院,但并未取得学位就离开学校。接下来的几年,他致力于文学和政治方面的创作——其中包括著名的《大同邦》(Pantisocracy)。1795年,他与弗里克(Sara Fricker)结为夫妇,同年,他与华兹华斯(Wordsworth)富有成效的友谊也拉开了序幕。他成年之后的几年是他诗歌创作的丰产期。同时,他也是《晨间邮报》(Morning Post)颇受欢迎的政治撰稿人。1798年,柯勒律治和威廉·华兹华斯兄妹一起游历德国,深受德国的哲学气氛启发。1804年到1806年,他去了地中海地区,并且担任马耳他行政首脑秘书10个月。在后来的日子里,他的兴趣转向批评和哲学,出版了大量散文作品。他也是一个成功的演讲家,同时创作了一部相当成功的戏曲。1816年,他试图戒掉鸦片,因此住进了他的朋友吉尔曼(James Gillman)医生位于海格特的家中。虽然他的仰慕者和信徒越来越多,并且常常去拜访他,但他的余生几乎没有离开海格特。他不幸婚姻中的三个孩子——哈特利(Hartley)、贝克莱(Berkeley)和萨拉(Sara)——长大成人后都在英国文学中取得了显著地位。

也得到广泛关注；即使在诸如逻辑学这种技术性很强的学科中，他也取得了引人注目的成就；在英国的现代宗教思想中，他是举足轻重的人物。此外，他甚至还被认为是凯恩斯经济学派的先驱！

然而，学界一直有人对他冷嘲热讽。与他同时期的人对他的评价大多是诋毁性的，言辞刻薄。恐怕没有人能像他一样，受到众多传记作家的轻视。尽管他才华卓著，却意志薄弱，[2]终其一生活在自怨自艾中，将聪明才智浪费在了几近疯狂的怨天尤人中。他的私生活丑闻不断，抛妻弃子，或者更确切地说，离家出走，沉迷鸦片，难以自拔。而且，他悄无声息地将很多德国理论据为己有，因而受到鄙视。

对于这些指控，柯勒律治的仰慕者们尚可找到说辞。但他的很多作品往往半途而废，对其声誉造成了巨大打击。他常常谈到，希望能写一部哲学的鸿篇巨制，阐述他的各种思想的内在联系，却从未真正付诸实施。柯勒律治不是浪漫的阿奎那，也并非英国的黑格尔。他留给后人大量闪闪发光的思想碎片——尽管这些碎片总是激发人们的讨论，但永远只是只言片语。

不过，他的确出版了很多作品。而且这些已完成或未完成的作品不仅充分展示出他的博学多才，更展现了他丰富的想象力。他确实是一个天才，能够自由穿梭于不同的学科，精辟地领会不同学科之间微妙但至关重要的关系。他可能融会政治、哲学、宗教、科学和艺术等不同领域的知识来论证一个论点。一般来说，如果读者思路不够开阔，很快就会感到茫然，并可能将自己的茫然归咎于作者。但只要仔细并且持续地研读他的作品，肯定会受益匪浅。不管反对他的人如何贬低他，他始终有很多忠实的追随者。或许他获得的最大褒奖来自穆勒(John Stuart Mill)，尽管后者并非他的信徒：

最近，两位伟人辞世，他们使整个国家受益良多的，不仅是他们在有识之士中传播的[3]思想,更因为他们在思想和研究模式方面引领的革命……在英国思想界,可以说每个人都曾向这两位学习如何思考(无论他后来采纳了什么观点)。……这两位著名的人士便是边沁与柯勒律治——当代英国两大原创思想家。①

之所以说柯勒律治是一个原创思想家,并非因为他是一个诗人,而是因为他是一位哲学家。他的政治理论作为其哲学思想的一部分,自成体系,影响深远。柯勒律治曾一度与华兹华斯和骚塞(Southey)交往甚密,并与他们走了同样的道路:先是一个革命派,随着年龄的增长,愈发失望,最终成为保守派。至少表面上他们走了这样的道路。他先是一个一神论的鼓吹者,对国教不屑一顾。他激动万分:

法兰西愤然扬起了巨臂,
顿足如雷,以横扫海陆的诅咒
告知天下:她势必赢得自由……

他憎恨贵族阶层,信奉哈特利(Hartley),并深信,如果周围的环境改善,那么人们也会日益变好。他和他的朋友们试图在美国建立"大同邦"——一个理想的共同体。

但在1834年他去世时,他反对辉格党的改革,热烈支持英国国教。为什么会这样?表面原因显而易见——法国人的过度激进、他每况愈下的健康状况、生活的不幸、日渐衰退的诗歌创作力,或者仅是因为他日趋衰老。这些解释都忽略了一个事实:柯勒律

---

① 穆勒,关于边沁(Bentham),见《论文和讨论》(*Dissertations and Discussions*),London,1859,第1卷,页330-331。

治晚年的政治哲学是对英国政治思想史上不断变化的保守传统的创造,而并非是精力衰退的悲伤挽歌。这一传统的真正代表人物是柯勒律治,而非埃德蒙·柏克(Edmund Burke)。

[4]称柯勒律治为保守派有误导性,尤其是保守主义常常被简单等同于对变革的仇视。柯勒律治的保守主义类型藐视简单的归类。它并不直接和任何阶级的利益相关联——虽然它的确指向一个贵族和下层人民的同盟。柯勒律治对现状极度不满,所以其保守主义带有十分强烈的激进色彩。虽然他常常以史为鉴,但并非政治的复古主义者。他并非天真地想要逆转时代,回到过去某个令人感伤的时代,而是希望从英国史中提炼出那些至关重要的原则,他相信在幸福的年代中,那些原则始终贯穿于英国的政治和社会生活中。他认为,这些原则应该用来指导当今的政策。这些原则可能需要调整,甚至需要妥协,但绝不能被忽略。这种保守主义可以在坚持原则的前提下做出权宜的让步。在最好的情况下,它不只可以坦然地接受变革,而且可以在古老原则的指导下对当今进行富有想象力的改良。

在柯勒律治所处的年代,保守派迫切需要这种能力。他们面对法国大革命的摧枯拉朽之势毫无准备。18世纪的英国经济繁荣,一片宁静祥和。与法国不同,英国十分平静地进行了启蒙运动。17世纪激烈的宗教冲突也已逐渐消散。在整个18世纪,英国国教保持了一种善意的模糊性,在很大程度上避免了宗教纷争。自然神教派,虽然一度在知识分子中传播广泛,但被认为形式拙劣,也很少在公共场合下得到人们的拥护。政治上,英国自鸣得意,自认为受到整个欧洲的羡慕。英国人对宪法无比崇敬,认为它是全世界最明智之人的智慧结晶。几乎整个18世纪,政治学反思人性和腐败——繁荣的英国规避了任何严肃和敏感的话题,沉浸在惬意的自我放纵之中。

巴黎爆发的大革命,使许多英国人感到震惊和恐惧。整个世界似乎都崩溃了,谁知道这些狂热怎么收场呢?柏克[5]很快使大众认识到法国启蒙运动的理想主义思想和革命派的政治行为之间的关系。后来证明,这对保守派的策略来说几乎是颠覆性的。英国保守派被雅各宾派的主张吓坏了,他们否定任何完美理想和政治之间的关系。柏克谴责一些人不加批判地使用抽象原则否定人类经验的珍贵结晶,但他似乎也在攻击原则本身。那些目光短浅、道德浅薄的人很容易将这种对雅各宾理性主义的仇视误认为是对任何理性原则的漠视。而尤其危险的是,这种态度常常导致一种对暴力镇压的近乎歇斯底里的依赖,认为暴力镇压是唯一一种与敌对意识形态做斗争的方式。

柯勒律治十分睿智地看出,仅仅通过反对雅各宾主义是无法打败雅各宾主义的。法国大革命的力量源泉在于对人性和智性的呼唤——对人类最高贵品质的呼唤。柯勒律治指出,如果要想证明它的呼吁是错误的,仅仅依靠攻击利他主义和理性不可能达到目的,而必须向人类提供真正的政治理想,予以正本清源。他深刻意识到,革命理想主义使慷慨激昂的人们无比兴奋。毕竟,柯勒律治也曾是一个热情洋溢、思想激进的年轻人,也曾因那个时代的伟大事件兴奋异常,并且被革命的热情感染。尽管很快他就开始批判法国大革命采取的路径,但他从来没有停止过探索美好世界的步伐,在内心中,他依然是一个年轻、浪漫的梦想家。他在思想上排斥这个古老政体表现出来的高高在上和漠不关心。他开始捍卫、崇敬贵族政体,但他心目中的贵族不是蒙莫斯(Lord Monmouth),而是年轻的康宁斯比(Harry Coningsby)。① 柯勒律治一直敬仰柏克,但从不敬仰小皮特(William Pitt the Younger)。他从不接受那种回避理想主义的实用性的保守主义。正是这一点,

---

① 参见迪斯雷利(Benjamin Disraeli)的小说《康宁斯比》(*Coningsby*), London, 1844.

使他在所有保守主义者中与众不同,和同时代的其他人一样,他从大革命的血腥教训中看到了罪恶,了解到人类的努力有其局限。但他仍是一个理想主义者,深信人类必须要有积极的政治信仰。他论证说,在法国大革命中,错误的[6]不是理想主义,而是法国人狭隘的理想。而要战胜这些错误的理想,需要的不是自私的犬儒主义,而是另外一些更贴近人性的理想。

柯勒律治终其一生都致力于发展这些理念。他试图阐明历史中健康社会的特点和健康社会必需的具有指导性的良好原则和习惯。他建构了一个理想的宪法国家理论,在这个理论中,他试图使传统的人道主义和宪法主义与其时代状况调和起来。其成果便是一个精彩的、具有指导性的现代民族国家理论。这是英国政治思想一直追求的愿景和理想。它激发了无数或合理或愚蠢的运动,但最终,最大的受益者似乎是保守派,因为柯勒律治不辞辛劳创建和发展的理想都是服从他自身的保守主义的原则和目标的。人们不再把他和自由主义联系在一起了。

在19世纪的英国,传统秩序做出让步,但仍顽强坚持,其程度令人叹为观止。虽然英国工业革命的发展之势比其他地方都要迅猛,但英国是唯一避免了彻底革命的西方大国。美国爆发南北战争,法国在第二个拿破仑似的独裁者的统治下躲避革命,与此同时,英国却在维多利亚时代的和解中惬意地生活。显而易见,这种相对和平的调整有众多原因,最重要的一个原因就是对于变革的保守式反应。英国保守主义常常受到敬仰,但也许是出于错误的理由。它的伟大成就不只在于它清楚知道该在什么时候对激进派做出妥协。毫无疑问,英国成功地调和了柯勒律治所说的"持久"(Permanence)和"进步"(Progression)之间的矛盾。但他们的成就远不止如此,他们成就了一个名副其实的对立统一体。

很明显,旧制度只有在激进派持续施压时才会采取行动。这不奇怪。事实上,这种现象随处可见。而在英国,保守派做出的反应十分独特、极富创造性。保守派政治家们富有想象力的行为[7]并非是不自觉的,而是源于一种保守的理想主义。这种理想主义虽然由柏克最先提出,但柯勒律治给出了最贴切和系统的表述。柯勒律治的过人之处不在于他洞悉过去,更在于他能知晓未来。今天采用民主宪法的西方民族国家,与柯勒律治勾画出的理想十分接近,而与他的革命派对手们的勾画相去甚远。真正理解现代国家道德基础的是柯勒律治,而非潘恩或边沁。① 最知晓未来的,是保守派的柏克和柯勒律治。

至今,很少有人知道柯勒律治是一个政治理论家。事实上,英国保守思想也鲜为人知。或许事实就该如此。理论有时就像人一样会过时。某一时代或地域的原则也可能不适合另一时代或地域。很多人提出,或许民族国家本身已经变成了一个枯竭的概念。因此,那些渴望理解其根源的学者们的研究与当代的现实问题偏离太远。但我不同意这个观点。

在本书中,我旨在详尽展示柯勒律治有关国家的理论体系及其理论基础,而尽力不去评估他对其后的政治家和思想家的影响。柯勒律治在理论界是"尚无定论"的思想家之一。如果想对其产生的影响进行系统研究,必须要对当今英国的政治思想理论做最广泛的调查。②[8]在此,我对他人从柯勒律治那里学到了什么并不感兴趣,我感兴趣的是柯勒律治究竟讲了些什么。另一方面,我

---

① 当然,可能有人会对这一观点提出合理的质疑,至少从边沁的角度来说是如此。无法否认,边沁及其追随者们为英国政府理论和实践做出了重大贡献,从这个角度来说,他的观点远比柯勒律治现代。但边沁对政治团体之本质以及保持政治团体之力量的理解相当落后。他和潘恩的政治理想在引领改革方面是极其有力的思想武器,但对民族国家的过去和将来的理解却并不充分。毫无疑问,边沁作为政治哲学家的主要缺点源于他的苦乐心理学(pleasure-pain psychology)。

② 想要了解柯勒律治的影响,可以参阅参考书目中列举的布伦登(Blunden)和格里格斯(Griggs)、包罗杰(Bougler)、科班(Cobban)、柯尔默(Colmer)、肯尼迪(Kennedy)、穆勒和缪尔海德(J. H. Muirhead)的作品。

深信，在我们这个时代和国家，学习他的理论是百利而无一害的。基于这些理由，我不仅要阐述他的思想，而且作为结论，我将论述他的国家理论对当下的意义。把古人的观点投射到当今的实践往往是危险的，但没有人能否认这种尝试是对柯勒律治精神实质的把握。和他的时代一样，柯勒律治也能帮助我们这个时代的人们逃离当代政治学的陈词滥调。

第一章　领导与远见

[9]终其一生,柯勒律治对英国的状况十分不满。这种不满本身并无特别之处。在那个时代,很多人都有同感。但柯勒律治不仅对阶级状况不满,随着其思想的发展,他对所有当时的改革运动都持反对态度。

虽然他批评英国国教,但在他看来,国教比起福音传道或非圣公教来说,还是要好一些。虽然他对皮特及其托利党并无好感,但他也越来越鄙视那些土生土长的革命派——潘恩派、普莱斯派、卡特赖特派。像边沁、詹姆斯·密尔(James Mill)等功利主义者领导的那些改革运动,其原则也受到了柯勒律治的口诛笔伐。对柯勒律治而言,这些"新享乐主义者"(Neo-Epicureans)是毒害英国生活的那些不良印象中最根本的东西。

柯勒律治认为,激进派和反动派的问题并无二致,他们都喜欢把问题抽象化、过度简单化,他们的理论都失之偏颇,因为他们对人和人类社会的阐释过于狭隘。他们给出的救治方案从根本上来说是无效的,并且是有害的。他在最初的重要政治著作《论朋友》(*The Friend*)和《平信徒布道》(*Lay Sermons*)中,对这些片面观点进行了彻底的批判。他还特别批判了民主乌托邦派、托利反动派和英国的政治经济学家们。接下来的几章将要对这些批判进行探讨,首先让我们看一下他对英国政治经济学家们的批判。

[10] 柯勒律治在作品中对史密斯(Smith)、马尔萨斯(Malthus)、李嘉图(Ricardo)和边沁的伟大传统进行了攻击。其中最系统、最彻底的评论莫过于1817年出版的第二部《平信徒布道》,这部作品分析了当时英国社会中存在的贫困和不满。当时,人民的不满相当严重。那是一个生机勃勃、充满变革的时代。拿破仑战争进一步推动了在英国已经进行了几十年的经济革新。到1815年,英国已基本步入现代工业社会。尽管成就斐然,但亟待解决的问题也非常棘手,即使用现在的危机标准衡量亦是如此:巨大的商业起伏,巨额的国债负担,传统农业土崩瓦解,人口剧增并迅速城市化,下层人民生活悲惨,新富人和新穷人中传统信仰、制度和忠诚的衰败和以此引发的躁动不安。使问题更加恶化的是人们对法国革命的记忆;高贵的理想主义极具煽动性,激发了整个民族的力量和热情。

政治经济学家已经成为新兴中产阶级及其创造的商业社会的意识形态的拥护者。整个学派都认为,稀缺性是人类生活的最重要和永久的特点。人类的世界是艰难的。只有持久艰辛的努力才能维持文明社会,才有可能在某段时期出现改善,甚至会出现违背自然规律的富足。但最终,经济学这门忧郁的科学的令人沮丧的法则会重占上风。马尔萨斯悲观地认为,从根本上讲,生产力跟不上人口的增长。

对于经济的这个两难局面,李嘉图提出了一个经典公式:"劳动的自然价值是一定社会中工人维持生活并延续其后代所需的价值。"①在一个潜在富足但未资本化,并且人口可能还比较稀少的[11]国家,资本最初的增长可能对生产力有巨大的推动作用,并

---

① 李嘉图,《论政治经济和税收的原则》(*On the Principles of Political Economy and Taxation*),见《李嘉图作品集》(*Works of David Ricardo*), Cambridge, England, 1951–1955,第1卷,页93。

可能导致大量过剩,从而产生更多资本。但人口会不可避免地增加,生产力会不可阻挡地滞后。消耗会变得越来越多。随着经济的资本化程度越来越高,新的资本将失去魔力,不再使生产力迅速膨胀:

> 虽然,在最好的情形下,生产的力量可能会强于人口的力量,但这种情形不会持续很久;因为土地的数量有限,质量也有差异,随着运用到这些土地的资本的比例增加,生产率就会下降,人口的力量则会持续不变。①

"工资的铁律"将重占上风,工人的工资将跌回到"自然"水平甚至更糟。任何试图调和这些不与人为善的经济规则的行为,只会加剧形势恶化。由税收支撑的救济将导致生产力萎缩:

> 任何一种税收都是在缩减积蓄的力量。……一些税收在这方面所起的作用尤为突出:但税收的害处不在于对某一税收目标的影响,而在于它在整体上起到的作用。②

掠夺富人只会增加穷人的不幸。因为资本来自于过剩,任何利益的减少都将缩减资本的形成。生产力最终会进一步落后于人口的增长,直到贫困、瘟疫或自我节制修正这一平衡。

柯勒律治对整个学说不屑一顾。对他来说,政治经济学是这样一门科学,它是从如下对于人的看法开始的,即把人看作抽象的东西,而将人的那些不能服从于技术性[12]计算的特点排除在外。而政治经济学家们有关社会的观点则更为抽象:

---

① 李嘉图,《论政治经济和税收的原则》,前揭,页 98。
② 同上,页 152。

>他们崇拜一种虚无的东西,虽然他们用不同的字眼表述,国家、整体、社会等等,他们为了这个偶像做出的牺牲甚至胜于墨西哥人为特斯卡特利波卡神所做的牺牲。①
>
>要实现这样一个状态,最便捷的方法就是殖民地,包含100个富足的种植园主和100000个奴隶,他们劳动的剩余价值超过100个种植园的吝啬食物和衣物的价格。②

柯勒律治相信,经济学家们沉浸在对生产力的狂热中,而忽略了人类生存所有的其他价值:

>人口中其余的人已经被机械化,成为新富人的工厂机器;——是的,这个民族的创富机制是由那些本应是国家脊梁的人的不幸、疾病和堕落组成的!尽管存在疾病或缺陷,车轮却动力十足;刚刚到达第一站,这个神奇的财富机器已经变成了一个难以承受之重的贫困机器③。

如果这些方法成功地实现了它们的目标,并且生产力也的确得到了迅速发展,那么,会发生什么呢?柯勒律治只问了一个问题:

>国家福利,人们的幸福,会和周围的繁荣同步得到改善

---

① 柯勒律治,《朋友》(*The Friend*),见《柯勒律治全集》(*The Complete Works of Samuel Taylor Coleridge*,以下简称《全集》),New York,1858-1868,第2卷,页272。
② 《制造业童工状况专门委员会相关证据阅读后提出之备忘》(*Memoranda suggested during a Perusal of the Minutes of Evidence before the Selected Committee on the State of Children Employed in Manufacture*),1816年(Berg Collection, New York Public Library)。[译按]以下简写为《备忘录》。
③ 柯勒律治,《论教会与国家的宪法》(以下简称《教会与国家》),见《全集》,前揭,第6卷,页64。

吗？那些不断增加的富人数字是这个国家的财富所理解的事物吗？①

他清楚明白地回答了自己的问题：不！

[13]柯勒律治是英国第一个向处于统治地位的经济学派的物质主义提出质疑，并要求经济学必须将整个人类和社会的需要纳入考虑的学者。事实上，他提出，国家的健康不能只通过其商业的繁荣来衡量，正如衡量一个人的健康不能只看他的腰围。在他看来，英国真正的健康已经被那些经济学家败坏了，因为他们用"市场"来衡量所有的事物。

从柯勒律治有关供求规律在商业领域中的主导作用的讨论中，可以看出他看待经济学问题的根本思路，在经典的经济学中，有效的方法是减少过剩，并将生产力调整到供求的正常水平。毫无疑问，商业自己能找到自己的平衡，但在柯勒律治看来，倒霉的、而且多是无辜的个人在这个过程中被碾碎：

> 但人不是事物——人难以找回自己的平衡。不管是身体还是灵魂，人都难以找回自己的平衡。在一个艰难悲惨的时期过后，许多大型制造业的成千上万的马达仍然寂静无声，去问问那些工头，去问问那些教区的医生，如果富足回来了，如果商业再次繁荣了，那些工人的健康体格、温和性格以及意识自立、内心尊严维持的沉稳恭敬的态度还能再次找回吗？唉！我不只一次看到多塞特郡的孩子们，在三伏天的热浪里，低着头，不敢挺起胸膛，这些习惯和状态都是之前吃不饱、穿不暖的寒冷冬天在他们身上留下的印记。②

---

① 柯勒律治，《教会与国家》，见《全集》，前揭，第 6 卷，页 64。
② 柯勒律治，《平信徒布道》(*Lay Sermon*)，见《全集》，前揭，第 6 卷，页 209。

商业圈自发运行,不仅给穷人带来苦难,而且给社会的其他人造成道德上的衰退:

> [14]但是身体上是这样,心理上也是这样,甚至更加糟糕。这种影响不仅仅局限于工人阶级,现在我们习惯于称他们为工人阶级穷人,这个措辞上的变化是一种不祥的变化,但十分贴切。人类思想和经历充斥着频繁的失败、不为人知的欺骗和荒唐之事、在消费方面毫无原则的虚荣以及想挽回的孤注一掷,我无法使自己相信,如果这些成为日常所见之事,道德感不会受到巨大的影响。(同上)

柯勒律治关于经济过程的观点十分现代,让人惊讶。他是最早意识到税收和国债可能会带来益处的学者之一,而且他已经注意到了信用的作用。在他看来,税收不会使国家枯竭。它们重新分配而非耗尽:

> 我们可以证明,税收,取之于民,在国家中流转,仅仅从数量上,永远不可能对国家有害;当它们被征收的时间或者环境不合理时,或者它们被征收的方式不合理时,抑或它们被应用在不合理的事项上时,才会对国家有害。(同上,页172)

正如阳光一样,税收从沼泽地里吸收水汽,再将这些水汽降落到平原,或者,与此相反,从平原到沼泽。

事实上,柯勒律治认为,在拿破仑战争期间政府花销的巨额增长,不是毁了英国,而是造就了无法匹敌的繁荣和扩张。随之而来的衰退究其原因,是由于一个突如其来的"合理"的财政政策的转向。由于经济学家叫嚷着反对赋税,战后的"经济紧缩未能谨慎而有计划地进行,而是被迫匆忙进行,正如一个人正越过沙滩,却发现涌来的潮水已危及自身"（同上，页175）。经济学家们所犯的这个[15]"低级"错误只会加剧这一痛苦的再调整的负面影响。

然而，柯勒律治对经济学的意义不在于他无意中预测到了一些当今的经济计划技术，而在于他很早就开始对如下的传统观念提出质疑，这就是认为经济学的主要研究对象是生产而不是分配。对柯勒律治来说，经济学不能规定社会价值；它应该服务于社会价值。为了证明这一观点，他必须颠覆政治经济学的基本假设，也就是人类社会注定受限于自然的稀缺性。在《平信徒布道》中，他评论说：

> 至少在我看来，不管从舒适生活所需的物质材料之角度，还是从创造这种舒适生活所需的力量、技巧和工业之角度，都没有任何证据能证明稀缺性的存在。（同上，页181）

如果某些时候社会不足以满足所有需求，那么原因在于需求膨胀，而不是供应短缺。英国的经济就好像一个健康的人呆坐在一桌酒菜面前，因为没有他喜欢的菜品。如果他挨饿，原因不是自然的稀缺性，而是"他不加限制的脾气，或者自我放纵的习惯"（同上）。简言之，英国有足够的财富——足以使穷人和富人都享受到符合自身地位的舒适生活。那些判定穷人要遭受无休止悲惨劳动的自然稀缺性根本不存在。这种稀缺性引起的原因只有一个：人类非自然的贪得无厌、不计代价地追求物质获取。在柯勒律治眼中，"商业精神"大行其道，肆意践踏爱国主义、宗教、知识以及人性。经济利益成为了衡量价值的唯一标准。人们习惯于用"市场来衡量所有事物"①，没有什么能幸免。不管引起衰退的短期原因是什么，猖獗的商业主义才是英国社会动荡不安的深层原因。

---

① 柯勒律治，《平信徒布道》，见《全集》，前揭，第6卷，页196。

[16]柯勒律治与政治经济学家们的分歧主要有两个方面。他关注的是需求而不是供应,他的经济学分析强调文化因素的重要性。对他来说,生产并不比分配更值得关注。稀缺性并非现代经济不可改变的状况。

在他看来,英国经济足以满足任何基于它的合理需求。问题不是供应而是需求——资本持有者的过分需求。正是它导致了不幸的分配方式。为什么这种需求需要社会的其他人付出如此昂贵的代价呢?柯勒律治论述说,不是单纯的经济原因。因为在一个富裕的社会中,分配模式在很大程度上由社会的文化价值观决定,而不是由人们的客观需求决定。因此,从本质上讲,当前英国的弊病源于文化。商业主义导致生产迅猛增长,同时也导致对资本的需求迅速膨胀,从而导致稀缺性,使人口的大多数陷入无望和不幸的贫困。富人以牺牲民族个性为代价,攫取了很多本不该属于他们的新财富。

当然,柯勒律治有关英国经济分析的精确性是有争议的。①但值得注意的是他的经济观同他的[17]一般政治理论之间的联系。既然他相信需求和分配是社会文化价值的功能,他便自然地得出结论:如果一种经济理论不考虑道德、文化和心理因素,那么这一理论既不可能理解、也不可能治愈英国的弊病。他阐述说,事实上,政治经济学家由于对人类和社会的可笑和狭隘的理解,只能

---

① 一些当代知名的经济学家和经济历史学家们声称,19世纪早期工厂工人相对悲惨的状况是虚构的,先是被保守派利用,后又被马克思、恩格斯和一些社会主义者利用,但经不起事实的考证。对快速增长的工业人口而言,正是工业化,也就是生产的增长,带来了生活水平的极大提高。例如,参见哈耶克(F. A. Hayek)主编的《资本主义和历史学家》(*Capitalism and the Historians*, Chicago, 1954)中哈耶克和阿什顿(T. S. Ashton)的论文。在这里顺带说一句,柯勒律治并不否认,工业化带来了生产的巨大增长,也使工人从中受益。他反对的是工业经济的周期性特征和这一特征使社会受益的观点。我们应该注意到,《平信徒布道》出版于1817年,当时工人的状况十分悲惨,阿什顿也承认这一点。参见《资本主义和历史学家》,页135。

使情况变得更糟。伴随着对稀缺性的错误重视,他们为贪婪找了"科学"的借口。政治经济学是贪婪的意识形态,将商业价值放在如此显著的位置,本身就是英国文化病态的一种表现。

柯勒律治十分明智,他并未从对人类的贪婪的攻击出发构建一种经济理论,他已经从乌托邦的幻想中清醒过来。贪婪和竞争是客观事实。"商业精神"本身没有什么错。事实上,商业主义一直是物质进步和政治自由的主要推动力。但他阐述说,商业价值不应逾越它们存在的正当范围。经济财富和效率不是人民福利的唯一标准。人类不是饥饿的动物,国家也不是消费者的集合。英国的弊病不是来自于经济能力的巨大增加,后者本身是件好事。麻烦来自于国家某些因素的衰退,这些因素本可以和商业主义制衡。但它们不仅没能与经济增长同步增长,事实上却衰退了。由于文化整体的衰弱,经济增长不再是庇护,而成为诅咒。

柯勒律治列举了传统上可以与商业价值相制衡的三种文化态度:对贵族政治及其法规的尊崇,宗教感情,以及对真正的哲学和科学知识的激情和尊重。第一种制衡已遭到破坏,因为贵族基础已经被新兴的富人入侵。柯勒律治承认,尽管大家族之前难以企及的卓越地位也数度被滥用过,"但这些家族对古风的崇敬仍然能制衡对财富的疯狂迷信"。① 如今取得这种身份变得轻而易举,这种崇敬也就消失了。

[18]同时,第二种制衡——宗教,已经抛弃了它的精神维度,成为一套确保商业可靠性的谨慎信条。柯勒律治对神职人员的神学知识和兴趣感到绝望。英国教堂的基础似乎是:

> 懦弱的半道德、半理论的,完全非精神的,起伏不定而且极不宽容,不言而喻的信条集合,其语调取决于那些追名逐

---

① 柯勒律治,《平信徒布道》,《全集》,前揭,第6卷,页183。

利、小心谨慎、举止得体的达官显贵们,取决于即将成为显贵之人——对他们来说,如果牧师怀疑丹尼尔,甚至是前六章的真实性,比他怀疑基督教的每一个精神信仰还要邪恶。①

不是必须要相信那39个信条;不是一个两个,而是很多,也许大多数人都(在心里)承认这一感觉——如果他们像研究其他问题那样研究这一问题,他们可能会产生怀疑——因此为了消灭这一威胁,他们决定根本不去研究神学。(《笔记》35,fol. 21v。)

柯勒律治对福音教派和不信奉国教的基督徒的批判更为严厉。他们为宗教的实用性感到自豪。他们往往强调虔诚和行善,并因为自己不会把时间浪费在对枯燥教义的争吵中而感到骄傲。柯勒律治的看法是对的,他们对神学缺乏兴趣,轻易地将知识方面的东西从宗教中抛弃,而这些知识可以将人类的思想从商业中解救出来。在柯勒律治看来,低教会派的商人们很少寻求这种解救。除商业之外,他们对任何事物的热情都不会失去控制。

柯勒律治认为,商业主义不仅使贵族政治和宗教陷入困境,也使科学和哲学陷入困境。其结果是,科学家和哲学家互相疏远,并陷入狭隘的物质主义泥沼。在他看来,科学家们现在忙于[19]无休止地收集事实,却不愿意探索事实之间的联系,使人类无法理解物理世界的整体框架。事实上,社会已尽其所能地引导科学家,希望他们不要只沉迷于对有利可图的技术革新的研究和猜想。同样,柯勒律治也对当时的英国哲学感到失望。哲学应该为人们提供理想,这些理想能使人类健康而全面地发展。但被柯勒律治看做是新时代的哲学家——李嘉图、边沁以及他们的法国源头(柯勒律治称之为"新享乐主义学派")——鼓吹一种天真的物质主

---

① 柯勒律治,《笔记》(*Notebook*)35,fol.22r(大英博物馆 Add. MS 47530)。

义,他们对人类的看法十分狭隘和可笑。

难道英国文化已衰退到如此地步,边沁这般荒谬之人都能得到认真对待？边沁宣称图钉和诗歌一样好,并准备将他的哲学建立在这一格言基础上！柯勒律治愤怒地指出:"经过长期和认真地观察,我相信:以前人们比他们的原则更糟,而如今原则比人们更糟。"①

对柯勒律治来说,时代似乎十分肤浅,令人绝望。这些人对政治学和生活的解释如此可恶、如此片面,但人们却十分轻易地接受。这个年代有天资聪颖的人,却没有真正的天才:"一群聪明,见多识广的人:思想混乱无序,准则独裁专制"。② 接下来导致的结果是:教育迅速衰退。没有一个时代比现在更注重知识的传播,可任何一个时代都比现在更了解知识的内涵。知识的普及意味着"平民化"。教育的连贯性已经消失。现代大学呈现出一种繁忙的无政府状态。它们是讲座的"集市"。它们的领导权不可避免地遭到削弱:"政府成了熟练工人俱乐部统治的政府;成了神圣但罪恶深重的社团、委员会和机构统治的政府;成了评论、杂志尤其是报纸统治的政府"(同上)。与此同时,下层人民持续堕落:"穷人每年消费的杜松子酒价值达一千八百万……全国犯罪是原来的四倍,在有些农村甚至是原来的十倍。"③

令人心碎的文化衰退也间接地产生于同一个原因:商业精神急速膨胀,而它的制衡物也在同时衰退。因此对财富贪得无厌的欲望极速膨胀,这些欲望与其他不良影响一起,增加了经济的不稳定性。柯勒律治认为怎样做才能恢复这种平衡呢？他得出如下结论:如果激发"国家精神"作为它的制衡物,"商业精神"就可以得到牵制。这一创新使柯勒律治听起来比他本身更现代,因为虽然

---

① 柯勒律治,《平信徒布道》,《全集》,前揭,第 6 卷,页 150。
② 柯勒律治,《教会与国家》,《全集》,前揭,第 6 卷,页 66。
③ 同上,页 64。

他的总体原则迫使他走向"计划",但他还是质疑政府有效干预的能力,并对任何可能削减个人权利和责任的事物保持谨慎。我们必须再强调一点,柯勒律治说的国家并不意味着政府。他并非早期的费边主义,呼吁政府的干预,以保障更广泛的社会价值的利益。他甚至也不是早期的凯恩斯主义——虽然他对古典学派的批判对凯恩斯的影响十分明显。①

无论如何,比起当时和后来的自由主义的拥护者,柯勒律治在运用政府管理社会方面要大胆得多。他引以为傲的税收理论展示出他在运用政府力量和创造性方面的开放和非教条的态度。他认为,政府要考虑的不只是在本质上消极的任务——保护国民的生命、个人自由、财产、名誉和宗教免受国内或国外攻击。事实上,他认为国家要考虑全体人民的福祉,其责任虽然模糊,但十分深远:

> 1.使每个人的谋生更容易:——2.使每个成员都有希望改善自己以及后代的状况:——3.[21]保障那些对他的人性,即他的理性和道德存在至关重要的才能的发展。②

在有些情况下,柯勒律治敦促议会的直接干预以提高工作条件——尤其是童工的工作条件。③ 但总体来讲,他对立法者或官员们改革社会的能力很少抱有希望。在他看来,直接的政府行为

---

① 想了解柯勒律治对现代经济学的影响,可参阅肯尼迪(William F. Kennedy)的《人文主义者与经济学家》(*Humanist versus Economist*, University of California Publications in Economics, 17 Berkeley, 1958)。

② 柯勒律治,《教会与国家》,《全集》,前揭,第 6 卷,页 216。

③ 参阅柯勒律治《备忘录》,前揭;以及科伯恩(Kathleen Coburn)主编的《质疑之精神》(*Inquiring Inspirit*), London, 1951 中再版的《评皮尔勋爵法案原则的反对声音》(*Remarks on the Objections which Have Urged against the Principle of Sir Robert Peel's Bill*, 1818)和《柯勒律治对皮尔勋爵法案之基础的论证》(*The Grounds of Sir Robert Peel's Bill Vindicated by S. T. Coleridge*, 1818 年)两本小册子。

缺点太多,而且十分危险。他对通过议会法案这一途径进行改革毫无信心:"影响民族的走向,留在这里,或走向那里,都超出了首相或内阁的能力范围。这些超出其能力范围之事,只能依靠知识的缓慢进步、宗教的影响和天意指引的不可抗事件。"①最终决定社会特点的不是特别的立法,而是公众意见的整体状况:

> 这是一个常见的现象,伟人周围的人总是把国家的事件归因于某些人、某些举措、某个人的错误、某个人的阴谋、某个特殊场合的灵光一现,而忽视了真正的原因(并且只有它才是名副其实的原因),这就是公众意见的主要状况。②

柯勒律治相信,从长远看,他称为"理念"的事物决定着公众意见,普通人常常只能对"理念"有模糊的了解,但这些理念却塑造了人们的思想和理解。这些处于统治地位的理念归根结底源于社会上[22]极少数关注哲学真理的人的猜想。自伊丽莎白统治以来,巨大的生活改变:

> 不是源于政治家们组成的内阁,或者实业家在实践中的得到的真知,而是源于隐士们的想象。对人类来说,即使在文明国家中,猜想性的哲学一直是、并且仍然是一个未知领域。然而,有一件事千真万确,所有基督教世界的划时代的革命,宗教改革以及和它们相关的公民的、社会的、内部的民族习惯的改革都与那些形而上学体系的起起落落相一致。③

---

① 柯勒律治,《平信徒布道》,《全集》,前揭,页6,第182个注释。
② 柯勒律治,《政治家手册》(*The Statesman's Manual*),《全集》,前揭,第1卷,页427。
③ 柯勒律治,《政治家手册》,《全集》,前揭,第1卷,页428。

柯勒律治阐述道,不管怎样,少数人的操控不可能引发革命,只有当这些观点有广泛的群众基础时,革命才有可能。改革者应该极力避免弥尔顿及其伟大的同胞们所犯的错误。他们"太共和了,因为他们中太少民主派"(《笔记》26,fol. 42r)。他们力图进行"少数人影响的改变和有益变革"(同上),他们的错误在于:"试图建立超越大多数人道德和知识水平的政府或制度"(同上)。行之有效的革命必须正确处理公众意见。英国社会的根本麻烦源于价值观的扭曲。要想恢复平衡不能靠政府法令,而只有通过教育、哲学、宗教的缓慢教化。

庞大的政府不仅效率低下,而且十分危险。基于同样的原因,柯勒律治和柏克都认为立法干预增加的趋势存在很多隐忧。太多的热情改革者急于进行自上而下的社会改革。很多人"梦想发掘或炸掉房子的地基,用拆除的材料修补房子的墙壁",①这种疯子绝不少见。[23]法国人已经懂得,治疗可能比疾病本身更可怕。带有柯勒律治印记的英国人不愿意重蹈他们的覆辙。

但是,如果柯勒律治的"国家精神"并不意味着政府,那么它到底意味着什么呢?他的"国家"定义,作为其政治理论的核心,将在本书随后的几章中得到分析。但实质上,他的国家就是柏克所说的"人类在为自己及其后代在寻找美好生活过程中形成的道德伙伴关系"。美好生活取决于一些能力的发展,这些能力只有在自由中才能生根发芽。一个干预过多、无所不在而且家长式作风的政府剥夺个人发展必需的自由空间:"我……认为,在托斯卡纳,大公们一直想要真诚地扮演人民之父的角色;但其前提是,人民仍然还是孩子"(《笔记》45,fol. 1v)。

最终,甚至是最仁慈的独裁也会摧毁国家之目的,因为它会导致人民的退化。他们变成只适应马基雅维利(Niccolo Machiavelli)

---

① 柯勒律治,《平信徒布道》,《全集》,前揭,第6卷,页217。

的僭主:"如果国家公民的大多数即人民,自我扼杀美德和内心的自由,独裁者便会从遍布腐尸的坟墓中爬出来。"①

因此,国家要想保持健康,所有个人权利都应得到充分保障。柯勒律治相信,更重要的是私有财产的合法权利应受保护。私有财产不仅和政治自由不可分割,而且对道德发展、个人独立来说至关重要,这是财产的最重要的道德理由。柯勒律治也承认其他理由——例如,洛克(John Locke)的劳动理论宣称,使用创造权利。柯勒律治同意,人在某个物体上付出劳动,"这个事物便混合了他的内在的很多部分——他的知识、记忆、感情还有最重要的是他对这一事物的权利"(《笔记》18,fol. 118v)。但在他看来,个人所有权需要有更合理的理由。财产最根本的存在理由[24]在于"需要自由活动的空间",从而"获得负责任的自由意志"(《笔记》48,fol. 4r)。个人的道德发展需要一个只属于自己的空间,在这个空间里,他能进行选择。这是所有私人权利存在的深层原因。

另一方面,与拥护不干涉主义的自由主义者不同,不管是在个人方面,还是在社会方面,柯勒律治都不相信单靠自由就能确保美好生活。在这个方面,他更赞成霍布斯(Thomas Hobbes)而非洛克。个人对自我利益的追求不可能自发地导致自然的和谐,相反,它会导致所有人之间互相抗衡的争夺。在柯勒律治看来,在英国,对个人财产的热情追求导致的不是乌托邦,而是民族性格的总体堕落和大多数人物质上的穷困。因此,自由对美好生活和健康社会是必要条件,但不是充分条件。秩序和调和也同样必不可少。在没有政府指引的情况下,怎样才能达成秩序和调和呢?这些必需的指引和约束主要来源于社会合作和自我约束。剥夺个人权利不会形成健康社会,而必须强调,如果有权利,就必然有相应的义务。尤其是财富和权力的个人持有者,在国家利益方面,必须承担

---

① 《笔记》29,再版于科伯恩编撰的《质疑之精神》(前揭)页321。

起自我管理的责任。最后,保障他们自由的,是他们的权利和知识。因此,权利和义务互相依存,这是柯勒律治的本质性格言。国家规定个体以道德上的责任去履行相应义务,但作为回报,国家必须尊重某些权利,"因为没有权利就没有义务(唯有上帝可免)"(《笔记》48,fol. 4r)。国家要求一方,便必然保障另一方。个人主张一方,必然履行另一方面。

柯勒律治相信,在英国的传统中,土地财产所有权和公民责任的承担是联系在一起的。英国的法律和历史都认为,把土地当成单纯的私有财产是不合法的。事实上,土地财产所有权一直都暗含着公民义务:

> 我们的法律精神和法律历史都表明了这样一个事实,在我们祖先看来,不与特定义务相关联的,一个非信托的、非政府的、随意的、无条件的财产的拥有,并非英国贵族或绅士的特点、权利或者荣誉,而是犹太和异端的标志。①

柯勒律治建立了一种复杂理论,详细解释了"个人"财产和土地财产在法律层面上的区别。从一开始,法律就把土地视为一种信托,为了整个国家的利益交由贵族们管理。农业的目标与国家的目标最终是一致的:

> 农业需要和商业截然不同的原则;一个绅士不应将他和土地的关系等同于商人与货物的关系,或者杂货店主和他的存货的关系,——土地财产的不同占有期限,以及作为国家分支的农业之目的和国家目的的一致性,这些都是显而易见的

---

① 柯勒律治,《教会与国家》,《全集》,前揭,第 6 卷,页 50。

证据。①

毫无疑问,柯勒律治赋予土地所有者以特殊地位,反映了他的某种个人喜好:与城市相比,他偏爱农村——尽管他对贵族们的敬仰有所保留:"再没有比当今的农业党更加目光短浅、自私自利、愚钝鲁莽的政治家群体了……英国众议院中土地利益的不平衡是地方自治制度弊病之所在"(《笔记》28,fol. 50r)。

至少,在现代工业社会,其他形式的资本已取代土地至高无上的地位,柯勒律治的区分显然已经过时。但如下学说还是保留了下来:财产作为自由意志之基础,具有必要性,这是财产存在的合理理由,享有这种权利便意味着相应的义务——指向整个社会之福祉的义务。

[26]因此,柯勒律治的"国家的精神"并不意味着政府的调控。它意味着对整体利益有意识的关注。他阐述说,当今英国令人遗憾的状况是因为统治阶层未能使他们的行为与整体利益相一致。他们不管在知识上、还是道德上都是失败的。他们不仅没能履行自己的义务,而且也不知道自己的义务是什么。那些经济学家用商人代替人民,认为国家不过是顾客的集合,不过是狭隘的利益,正好迎合了统治阶层的无知。

柯勒律治相信,最终只有通过教育,尤其是对统治阶层的教育,才能实现有效的改革。但他所指的教育是何种教育?柯勒律治相当清楚,好的教育不会自然而然地消除不利影响。仅仅批判虚假的科学、宗教、道德和政治学,而不提供正确的替代品,消除这些荒谬原则,是不够的。如果经济学家极力推崇的商业精神荒谬可笑,不足以引导健康社会,那么什么可以取而代之呢?国家的精神是什么呢?就像我们看到的,它不是指国家制度,而是指健康社会的构成

---

① 柯勒律治,《平信徒布道》,《全集》,前揭,第 6 卷,页 215。

因素,是存在于思想中的概念。这个概念能完美地解读人类所有价值观。柯勒律治相信,哲学的终极任务就是培养和重构社会理想,使时代不断变化的要求和人类持久的需要和谐共存。从某种意义上讲,他所有的作品,包括诗歌和散文,都试图提供对美好生活和健康社会的详尽的、符合时代的描述。作为一位政治哲学家,他致力于揭露当时流行的对人性的阐释是多么狭隘。在他看来,那些对人类的肤浅阐释造就了政治经济学家、雅克宾派和反动的托利党人有关社会的错误观点。他对前者的批判显示,他和他们的一切争吵都是哲学层面的。他们对人性和社会的阐释太过狭隘了。

柯勒律治试图构建的不只是一个特殊的改革程序,而是一整套看待政治和国家的理念的方式。这不是说他不关心[27]当前的政治问题,而是说他的终极目标是这些问题应该放在何种理论框架内获得解决,和对解决这些问题至关重要的价值观。① 这实际上是说柯勒律治是一位政治哲学家,同时也暗示,在进一步研究他的具体政治理论之前,最好先讨论他作为哲学家的一般特征。

---

① 柯尔默(John Colmer)最近出版的《柯勒律治,社会评论家》(*Coleridge, Critic of Society*, Oxford, 1959)综述了柯勒律治的社会思想以及那些实践性的政治规划,这些都不同于他那些更加形式化的政治理论。

第二章 哲学基础

[28]直到最近几十年,学界都没有对柯勒律治作品中的哲学的内在统一性作出正确的评价。与其说他的思想被详细剖析,不如说它们常常被断章取义。早期的研究有一个明显倾向,即挑选他思想的一个方面进行研究,而完全忽略与其他思想的联系。事实上,他的作品的其余部分不仅常常被忽略,而且常常遭到诋毁。这种做法可能始于一些评论家和传记作者,他们把柯勒律治看作伟大的诗人,却败在意志薄弱、鸦片和德国形而上学的毒害之下。一些更有学识的学者,在赞扬他是优秀评论家、心理学家或政治理论家的同时,感觉到有必要去探索他思想的其他方面——他晦涩的形而上学或含混的经济学。一位评论家说,柯勒律治的国家理论见解深刻,令人深受启发,但不幸的是,这一理论被苍白的哲学空谈笼罩。柯勒律治的哲学研究被认为是其遗留下的伟大遗产中无关紧要的、并且可能令人尴尬的累赘。①

近来的研究,如对他的《笔记》的整理,不仅显示出他知识渊

---

① 理查德(I. A. Richards)的《柯勒律治论想象》(*Coleridge on Imagination*, Bloomington, Ind., 1960)第10页为这一惯例作了辩护。

博、兴趣广泛,而且也将其思想的内在统一性和整体性呈现在世人眼前,实际上,他涉猎了艺术、[28]科学、宗教或政治等多个领域。柯勒律治作品的内在统一性并非一眼就能看出。事实上,刚刚接触他的作品之时,他的思想犹如一个令人入迷的迷宫,坐落在沼泽之中。读者会怀疑自己到底身在何方,是否有出路。但看似无序的小路最终变成巨大车轮的一整套轮辐——由一个中心议题辐射出去,并总是展示出一个相似的行进方式。柯勒律治思路的一致性清晰可见,不仅可以看出他有一个基本的哲学世界观,更能看出他力图将这一世界观反映在他的每一部作品中。因此,不理解柯勒律治哲学体系的基本特点,就难以全面理解他的政治观点。①

  柯勒律治有意识地将对某一事物的观点与对生活的整体看法联系起来,所以他全神贯注于"方法",即头脑获得知识,并且将它的各种理解系统地联系在一起的过程。在柯勒律治看来,头脑不仅在思考"事物"时会运用方法,"也不只是为了事物的利益而运用方法,更重要的是,它在思考事物之间的关系时,既包括事物之间的关系,也包括事物和观察者之间或者和听者的状态和理解之间的关系,也会运用方法。列举和分析这些关系以及它们可以显现的条件,就是在讨论方法的科学"。②

  柯勒律治阐述说,有教养之人的标志是习惯于观察事物之间的联系,更确切的说是能从特殊性中看到普遍性。他用莎士比亚笔下的人物来展示这一区别。当快嘴桂嫂(Dame Quickly)对福斯

---

  ① 米勒(Craig W. Miller)撰写的《柯勒律治的自然观》(*Coleridge's Concept of Nature*,见 Journal of the History of Ideas,1964 年第 25 期,页 77-96)尝试描述柯勒律治现实观的主要原则,分析如何将方法系统地运用于科学,以及它对人类事务的启示,其观点令人印象深刻。在书目中,作者列举了很多关于柯勒律治整体哲学研究的精彩图书和资料。

  ② 柯勒律治,《朋友》,《全集》,前揭,第 2 卷,第 411 页。

塔夫(Falstaff)讲述他的义务之环境时,言语缺乏方法,不过是信马由缰的回忆,毫无规则可循,只是按照时间顺序把事件罗列出来:

[30]福斯塔夫:我一共欠你多少钱?

老板:哎呀,你要是有良心的话,你不但欠我钱,连你自己也是我的。圣灵降临后的星期三,你在我的房间里,靠着煤炉,坐在那张圆桌子的一旁,曾经凭着一盏金边的酒杯向我起誓;那时候你在亲王的面前说他父亲像一个在温莎卖唱的人,被他打破了头,我正在替你清洗伤口,你就向我发誓,说要跟我结婚,叫我做你的夫人。你敢说你没有吗?那时候那个屠夫的妻子胖奶奶不是跑了进来,喊我快嘴桂嫂吗?她来问我要点儿醋,说她已经煮好了一盆美味的龙虾;你听了就想分一点儿尝尝,我就告诉你,你刚刚受了伤,这些东西还是忌嘴的好。①

另一方面,哈姆雷特被看作是有教养之人的典型代表,十分善于归纳。他"总是乐于归纳总结",并且"所有细枝末节、所有冗长赘述,都包含反思、真理和普遍永恒利益之原则,有些表达清楚直接,有的蕴含在戏谑的讽刺中"。(同上,页412)在他去往英国的旅途中,他向霍雷肖(Horatio)讲述了他是如何发现继父的背叛行为的:

哈姆雷特:先生,那夜,我因胸中纳闷,无法入睡,
　　　　　折腾得比那铐了脚镣的叛变水手更难过;
　　　　　那时,我就冲动——

---

① 柯勒律治,《朋友》,《全集》,前揭,第2卷,页410。

> 好在有那一时之念,
> 因为有时我们在无意中所做的事能够圆满,
> 经深谋细虑之事反会失败。
> 由此可知,无论我们是怎样的去筹划,
> 结局还总归是神来安排的。①

有教养之人之所以会进行方法论上的归纳,是因为一个指导性思想,一个重要的关切——用议会的术语来说就是"动议"(initiative)——它统治着思想的序列,并且系统性地使较低层次的思想臣服于较高层次的思想,最终使它们成为一个内在的整体。

柯勒律治指出,归纳有时也会过头。[31]在哈姆雷特的上述例子中,它已经变得狂热,导致了逃避行为。忧伤的王子从现实世界逃进了"怪异冥想"的观念世界中。因此,他"不愿意采取行动"(同上,页415)。如此失去了心智平衡的他便失去了与"听者的理解和同情"之间的联系(同上,页414),同样也失去了与方法想要发现的现实之间的联系。因为现实不只是静态普遍性的僵化排列,次序亘古不变。它持续变化,不管何种系统的方法,如果忽视了特殊性,将永远不可能涵盖作为现实一部分的变量。因此,真正的方法永远不可能"是僵化的体系,本身不包含任何发展的原则"(同上,页417)。它必须寻找引导这些发展变化的调整原则。真正的方法因此必须展示出"普遍与特殊的合适比例,统一和相互渗透,而它必然存在于天赋之人的所有作品和真正的科学中"(同上,页416)。

在此可以对柯勒律治思想的本质特点做一个总结,这就是寻找一种方式,能将所有事件用发展的而非静态的方式系统地联系

---

① 柯勒律治,《朋友》,《全集》,前揭,第2卷,页411。

起来,并反映出普遍性和特殊性、秩序和个性的平衡和渗透。① 因此,真正的方法会使人类对现实的理解变得全面、统一并且富有动态性。当它坚持普遍性时,它决不能[32]湮灭特殊性。它必须考虑到自然的多变,并试图展示出支配变革的微妙和谐。

在《大都市百科全书》(Encyclopedia Metropolitana)的内容说明(Prospectus)中,柯勒律治事实上想要提供一种能整合所有知识的方法论框架。他劝诫说,按照字母表的顺序来编排知识,知识颓废的症状是多么严重啊!他想找到一种能取而代之的、逻辑性强的总体原则的框架,在这个框架中,所有分支的知识都能互相联系。当然,他对方法的关心并不局限于这项事业中。他知识生涯的大部分时间,都致力于将方法用到一个或另一个领域。自然,他的所有努力不是平均的,但它们都显示出十分一致的思路。

当然,试图寻找一个通用的方法并非柯勒律治的独创。这也是同时代所有伟大浪漫主义哲学家的一个最基本的追求。他们都有一种知识分子的英雄主义、傲慢或疯狂,想要追求能整合所有知识的一套原则。他们相信,真正的艺术家和哲学家、真正创新的思维,能将人类思考得出的知识碎片融合重塑,得出一个综合统一的对现实的看法。他们不能容忍片面观点。因此,他们理所当然地

---

① 几乎所有研究柯勒律治整体哲学的作者的看法都是趋同的,这不足为奇。"统一"、"多元性"和"个体性"之间关系是柯勒律治一直研究的问题。一些文学批评家发现柯勒律治的诗歌也同样关注这一主题。其中有评论认为,柯勒律治被一种需要所驱使,这一需要在所有注重创新的诗人中十分普遍,这就是,他们都感觉有必要将生活和自然中的特殊实体和一些潜在的事实联系起来。参阅雷恩斯伯里(Frederick B. Rainsberry),《柯勒律治和诗性命令的悖论》(Coleridge and Paradox of the Poetic Imperative),见《英国文学史杂志》(Journal of English Literary History),1954 年第 21 期,页114-145。另一篇评论认为,柯勒律治心中同时存在的对宏观的渴望和对微观的喜爱是分析"奎恩托克"(Quantock)诗歌的基本原则。参见《柯勒律治的两个世界:柯勒律治自然态度的诸方面》(The Two Worlds of Coleridge: some Aspects of his Attitude to Nature),见 Essays by Diverse hands, Transactions of the Royal Society of Literature, New Series, 1956 年第 28 期,页 93-105。

排斥被他们视为启蒙运动主旋律的那些思想——以笛卡尔为代表的理性主义和休谟坚定支持的经验主义。在浪漫主义派看来,笛卡尔哲学的理性主义通过抑制现实以实现秩序。他们忽视了自然的生机勃勃、汹涌澎湃的能量,将宇宙视为一台机器。他们假定一种秩序井然的、僵化的抽象世界。另一方面,经验主义将世界贬低为一个混乱的个体之和,毫无秩序和目的。这两个学派都将人类半神圣的思想贬低为只能被动容纳外部感觉的容器,他们在这一心理学观点上不谋而合。人类需要一种崭新的哲学,能包容生活的丰富多姿,并且找出生活至关重要的秩序和目的。形而上学、宗教、哲学、物理学、心理学、美学和政治学[33]都能被有序地包容在一套内在统一的世界观中。

浪漫派在万事万物中寻求统一性,因为他们相信能够找到它。柯勒律治的这一意图十分明显。威利(Basil Willey)对他的描述十分精准:

> 把整全看作一个富有生命力的统一体,在万物中看到上帝,在上帝中看到万物,相信神圣的精神活动是所有存在的基础,这是一个具有开创性的原则、新颖独特的思想,从孩提时代便存在于柯勒律治心中。有时,这一信仰由于其他因素的影响会变得模糊,有时由于与其他心灵的交流,在接下来的阶段中它可能会被修改,但这一信仰从未远离过他。柯勒律治担心自己会丧失整全观,会把宇宙仅仅看作是部分的简单聚合,"由微小事物构成的巨大堆积物",但这一担心却从未成真。①

当柯勒律治观察周围的世界时,他看到的不是特殊性的杂乱

---

① 威利,《19世纪研究》(*Nineteenth Century Studies*, London, 1949),页4。

堆放,而是存在一种具有形塑力的精神。他的宗教直觉命令他"在树木中寻找声音;在奔流的小溪中寻找书籍;在乱石中寻找布道;在每一样事物中……寻找美好。"①他将会和布莱克一同吟唱:"所有生物都是神圣的。"对浪漫派来说,自然是有生命的,到处充满了神圣能量——充满了赫尔德(Johann von Herder)的超越性能量(Kraft)、黑格尔的"世界精神"(World Spirit),或者用柯勒律治更喜欢的基督教术语,充满了神圣的"逻各斯"(Logos),"道成肉身"(Word made flesh),圣子(the Son)。当柯勒律治思索"这一绝对存在的直观时"(同上,页464),心中充满了神圣的敬畏,他相信它可以解决认识论由来已久的问题——物质和思维的分离。

人是不能和自然中的神圣力量分离的;后者就存在于人自身之中:"是一种生产性的力量(productive power),它在自然中是作为自然而发生作用的,并且在本质上是具有理智的力量(和理智属于相同类型),是存在于人类灵魂中的超越自然的力量"(同上,页449-450)。事实上,人类感知之所以是可能的,是因为物质世界和[34]人类思维,肉体和精神,并非是完全相异的东西,并非"绝对的异类,它们有共同的基础,只是完善的程度和模式不同"。② 柯勒律治阐述说,因果律只适用于同质的事物,即拥有共同特性的事物。如果灵魂只是"思维着的实体",身体是"填满空间的实体",那么存在(esse)和认识(scire)永远不可能统一。人类的感知便是不可能的。

柯勒律治试图驳斥笛卡尔哲学将灵魂和身体对立起来的观点。对于他来说,二者是同一种存在,因为它们分享着同一种共性,即体现为宇宙的上帝。这一共性使得人类对自然的感知变得可能。我之所以能够看到外在于我的世界,是因为我的灵魂和世

---

① 此处为柯勒律治原书中的引用,《朋友》,《全集》,前揭,第2卷,页449。
② 柯勒律治,《文学生涯》(*Biographia Literaria*,肖克罗斯[John Shawcross]编,Oxford,1907),第1卷,页88。

界分享着共同的神圣能量和存在。但我的灵魂不同于自然,灵魂是有意识的。它拥有"原初想象"(Primary)——"一股活跃力量,并且是人类所有感知的主要代理人"。它是"在有限思维中对于无限自我的永恒创造行为的复制"。①

原初想象是灵魂的最基本的官能,是神圣的火花,给予人类有意识的认知。但人类灵魂不只是对神圣能量的反映或被动表达。人类拥有自己积极的意志。如果他的灵魂有意识地想要理解宇宙和自己,灵魂必须运用其创造力和诗性力量,将外部印象的巴比伦塔转变成内在一贯的语言。这一力量柯勒律治称之为"次级想象"(Secondary Imagination)。它是对"原初"的"回响","只是在程度和运作方式上有所不同。为了再创造,它溶解、扩充、去除;或者当这一过程变得不可能时,它仍然在一切事情上努力使之理想化,使之相互统一。实质上,它是生机勃勃的,即便所有客体(作为客体)事实上都是既定的、僵化的"(同上)。

第二种意义上的想象不同于"幻想"——灵魂从外部世界或记忆中搜集整理现成的印象。幻想[35]仅仅将印象连接起来,而不会消融既定的、僵化的对立物,使之成为崭新的、更加协调的统一体。想象和幻想的区别本来是作为文学分析的工具,以区分两种不同类型的诗歌,区分快嘴桂嫂和哈姆雷特。然而,它却体现出一种更广泛的哲学上的不同,也是某种处于柯勒律治哲学核心部分的东西——这就是理性和知性的区别。这两个术语指的是两种不同类型或层次的高级精神活动。

在低层次的精神活动中,人类灵魂具有一种与生俱来的倾向:将它的感知进行分类、组合,并且专注于那些可以划分和区分不同事物的方面。自然被看作是 natura naturata[天然的自然]——微小事物的巨大堆积、冰冷僵化,灵魂会将之进行整理,将其放入合

---

① 柯勒律治,《文学生涯》,前揭,页202。

适的罐子中。在这一层面的感知中,灵魂把自己看作一股活跃力量,与无生命力的、机械的自然不同。在更高层次的意识中,思维试图了解 natura naturans[自然之发生],试图了解这一股生机勃勃的力量,它传递着自然,并将自然与人自身呈现的能量联系起来。

知性是较低层次的灵魂,它能理解 natura naturata[天然的自然]。知性是"感觉层面的概念,或者说是我们概括、整理知觉之现象的官能。"[1]它可以分类整理事物,对过去的经验进行归纳整理。它只可能形成概念。柯勒律治对"概念"和"理念"的区分表明了他对于自然和人类对自然的感知的相同态度。概念是基于过去的观察形成的后天概括。另一方面,理念是对统领自然现象的法则或原则的探索,它解释的是为什么某个现象必然这样或那样发生。在这个意义上讲,理念不只是对过去经验的概括。它是对事物的根本性质的直观性洞见。它是先天的。它是等待从种子中发芽的参天大树。

单纯知性统帅下的科学只是[36]对事实的漫无目的的收集,完全不了解决定事实的基本"法则",事实上,决定这些事实必然发生而非偶然发生的就是这些法则。柯勒律治轻视边沁那些经验主义者的实证论。对柯勒律治来说,实证主义者如同快嘴桂嫂,只是多了些科学性罢了。他们的研究缺乏指导性理念。他们拒绝透过事件的表面,探寻事件的驱动力。经验主义的历史学家相信,只要坚持不懈的整理事实,便能正确的书写历史、了解历史。同样的经验主义的方法用在自然科学中,只会导致对无尽数据的漫无目的的积累。

但对柯勒律治来说,科学不仅是对事实的杂乱无章的收集;真正的科学探索意义重大的信息。只有当信息能引导思维探寻宇宙

---

① 柯勒律治,《朋友》,《全集》,前揭,第 2 卷,页 145。与后来的《沉思之助》(*Aids to Reflection*)相比,我选择了《朋友》,因为在《朋友》中,柯勒律治尤其注重将他的整体哲学理念运用到政治学中。

之法则时，信息才能称得上意义重大。诸如伽利略、牛顿这些伟大科学家的兴趣在于探寻规定自然世界的法则，而不是为信息而收集信息。诚然，他们进行实验研究。柯勒律治认为，真正的科学绝不可能是灵魂对物质的武断专制。单一事实的知识当然重要。普遍性理论不能忽略特殊事实。但对特殊性的研究必然会得到一些普遍性规律，否则便不是真正的科学。只有正确的方法才能指引灵魂，使之不迷失在细枝末节或虚幻的抽象中。

在知性的层面，思维不可能获得真正意义上的对世界的科学认识。想获得这些认识，知性必须受"理性"的启示。据柯勒律治的定义，纯粹理性是一种精神器官，通过它人类可以理解逻辑、道德和宗教的普遍、永恒和必然之根本真理。在哲学和道德领域，纯粹理性是形式的，并且相当简单。例如，在逻辑学中，所有形式逻辑建立的基础是矛盾律。在道德领域，理性是这样一种意识，即一个人不应该去做那些在自己看来别人做了就是不对的行为。

柯勒律治相信，人类平等地拥有纯粹理性。纯粹理性如同原初想象——是所有人类生命的共同特点。但和原初想象一样，只有纯粹[37]理性，在理解或控制人类生存的客观世界方面是没有任何实际用处的。纯粹理性只有和知性结合，才能发挥作用。一旦二者的力量结合起来，便会产生"科学的官能"。

> 因此，第二种意义上的理性不再是一种精神器官，而是一种官能，即在理性这一器官启迪下的知性或者灵魂，——（在这一意义上的）理性……或者说科学官能是借助构成事物特性的法则，对事物本质特点或可能性的思考。①

---

① 柯勒律治,《朋友》,《全集》,前揭,第 2 卷,页 146-147。与后来的《沉思之助》(Aids to Reflection) 相比，我选择了《朋友》，因为在《朋友》中，柯勒律治尤其注重将他的整体哲学理念运用到政治学中。

只有在理性的帮助下,人类的知性才能透过表面,看到现象的本质特征和必然性,看到统帅所有事物的"理念"。自然科学的真理也是道德科学和政治科学领域的真理。因此,只有理性才能使人类获得最高成就,才能使人类高于动物。

柯勒律治一方面对实证主义者嗤之以鼻,因为他们把知性当作知识的唯一基础,另一方面他也强调,如果和知性分离,纯粹理性便毫无价值可言。倘若人类只有纯粹理性的话,则既不可能理解世界,也不可能理解人性。人类不是整齐划一的生物,不具备可预测的合理性,就像宇宙不是由理想的几何形式构成。无论是在人类自身,还是在自然中,普遍理性都披着特殊性的外衣,这些特殊性数量巨大、生命顽强。只有上帝是纯粹理性。知性才是人类的本质。感觉从外部世界注入印象。知性对印象进行收集和整理。神圣的理性之光从高处照射进来。在理性的启发下,知性不懈努力,试图理解自身和世界,理解统帅两者的法则。但理性不能脱离知性而独立存在于人类心中。柯勒律治用宗教语言描述了它们之间的关系:

> 上帝是理性和存在的同一,是蕴含着永恒的道,即圣子的理性和存在的同一,理性……是圣子之光,光便是圣子——光照亮走入世界的每个人——[38]现在知性就是人类本身,犹如一个智慧的生物那样思考——光亮照亮了本性的黑暗(即盲目的本能),并且由于它的存在,把生命的本能转变成理解——这一知性之光,或者说这一光亮指引下的知性和理性本身有所不同,正如 Lumen 和 Lux 的区别。正是 Lumen Humanum a Luce Divine [从神性之光而来的人性之光]以及植入的对启迪的敏感性,光才出现在他面前,出现在他的内部,光才能成为光,正是有了这些,人才成为人,才是真正的上帝

之形象,因为 Lumen est imago Lucis[光是光之像]①。

知性便是……人类——其合理性在于对 Lumen a Luce[出自光的光]的固有的敏感性——但理性不是人类。②

理性一直存在于人心中,从这个意义上讲,它可以被看作是人性的特征之一。"睡眠的必然性"仍然"提醒人类,人类也会周期性的遭到黑暗侵蚀"。

简言之,上帝用理性之光平等地照耀所有人。但人类只有在知性中才能获得理性。那么,人类永远都不是纯粹理性。因此,理性是普遍的,是同一的,但每个人的思想却是独一无二的、与众不同。"科学官能"可以用普遍性原则启示知性,使之能获得对特殊性的理解:一方面,所有人类在拥有纯粹理性的本质真理方面是平等的,但在"科学官能"方面却是完全不平等的,科学官能可以用普遍性照亮知性的独特感知。同样,我们可以说,人类在原初想象层面实质上是平等的,但我们不否认,在次级想象层面毫无平等可言。所有人都具备观察和感觉能力,但并非所有人都是诗人。同样,所有人都可能直观到绝对命令,所有人都明白两点之间直线距离最近,但并非每个人都是道德哲学家或几何学家。人类共同分享着感觉和理性,但他们在使这些能力得到运用的灵魂的积极能力方面却是不平等的。简言之,人类了解自身生活世界的能力是不相同的。

柯勒律治常常提到,理性和知性的区分是其哲学的精髓。[39]事实也的确如此。这一区分显示出其哲学的两个总体倾向,这两个倾向对他的政治思想影响巨大。其一是他对特殊性和普遍

---

① [译按]Lumen est imago Lucis 意为"光是光之像"。lumen 是中性名词"光",lucis 是 lux(阴性名词"光")的属格(所有格)。lumen 和 lux 都意为"光",但却是两个不同的词。

② 《笔记》47,fol. 22v,23r 和 23v。

第二章 哲学基础

性之间、个性和统一性之间的动态平衡的关注,这在浪漫主义学者中十分普遍。其二是强调灵魂在理解现实中的积极作用,以及人类在这些活跃官能方面的不平等。前一个倾向使他成为一个宪法主义者,后一个倾向促使他拥护贵族政治。

柯勒律治在对宇宙进行思考时,他看到不是简单、机械和一成不变的法则控制下的整齐划一的颗粒的僵化组合。他的宇宙是一个巨大的舞台,站在舞台上的是躁动的、不同的个体颗粒,每个颗粒都充满活力,各自有不同目的。然而,神圣能量——一股决定性力量,能把单一倾向统一在具有普遍性的目的之下。自然并非一台机器,而是一个有机体,由无数个体的部分组合,每个部分都有自己的特点和功能,但它们都参与到了一个更大的统一体中。如同一个有机体,自然是由对立力量之间的平衡统治的——这一平衡必然反映整体的不断进步。当人类把自身的思维运用到对自然的研究中时,他必须既关注普遍法则,又兼顾具有特殊性的部分。简言之,他必须既运用理性,也运用知性。

在对现代宪政国家的研究中,使用此种观察世界的方式益处良多。当柯勒律治研究社会之宇宙时,他从未期待会发现由整齐划一的单个分子组成的秩序井然的体系。当他发现社会是由不同的、独特的群体组成的无序集合——各自有各自不同的利益、习惯和价值观时,他并未感到惊奇或不舒服。毕竟,这是现实的本质特征。但也许柯勒律治拥有异于常人的敏锐感觉,可以捕捉到使世界一体化,并赋予其内在一致性和方向的微妙力量。对个性和多样性的容忍以及对和谐和妥协的敏锐感觉,便是宪法主义的精髓。这些特点不只为柯勒律治所拥有,也为同时代的许多伟大浪漫主义哲学家拥有。他们对宪政主义[40]国家的研究成就非凡,我想这并非偶然,就像贝多芬用同样的模式成功地延伸了交响乐形式一样。

当然,宪政主义不是浪漫主义者创造的,甚至不能说浪漫主义学者重新赋予了宪政主义生命。权力分立与制衡学说(the doctrine of checks and balance)在启蒙运动中可以说风头正劲。例如,没有人比潘恩更看重在成文宪法中明确权力和保障的设置。但现实政治体制无数次地证明,形式上的宪法不能成功地防止暴政。当然,大多数观察者会赞同托克维尔和穆勒,多数民主本身不一定能保护个体和群体的自由。只有在多元主义陪伴下,只有充分理解和欣赏多样性,宪法权利和权力才能根基牢固。柯勒律治和柏克都拥有对政治生活现实的敏锐感觉。他们看到传统社会的复杂多样,并为此欢欣鼓舞。他们对细枝末节有着浪漫主义者典型的哥特式热爱。一方面,它可能使他们感觉不到延伸新权利的必要性,或者使他们感觉不到控制旧权利的必要性;另一方面,它使他们欣赏并且保卫他们拥有的宪法上的自由。我想说的是,他们的浪漫主义想象不仅使他们敏锐地感觉到了政治社会的细枝末节,也使他们理解了使多样性保持一致和内在统一性的决定性力量。

柯勒律治的哲学原则不仅使他走向多元宪政主义,也使他走向贵族政治。并非只有诗人和哲学家才需要想象力。统治国家的人也应拥有政治想象,他们的知性,在理性的启迪下,能充分了解现实的政治世界。既然人类在他们践行理性时是不平等的,那么,不是所有人都能成为政治家,就如同不是所有人都可以成为诗人。快嘴桂嫂不能统治国家。她不能在特殊性中看到理性。在最好的情况下,她能勉强应付、蒙混过关。哈姆雷特的情况也好不了多少。他狂热地专注于抽象的个人世界。如同[41]疯狂的雅各宾派改革者,脱离了其他人生活的多样的具体世界。不管是哈姆雷特,还是快嘴桂嫂都缺乏政治想象,都缺少"统筹全局的能力",缺乏对世界的充分想象。有关权力分立与平衡的洞见不是平常事物,它的提出需要用心教化。因此,秩序良好的国家必须由少数人领导,而不可能为多数人领导,这是不可能改变的。

柯勒律治强调灵魂的活跃力量,这与其思想的第三个倾向是相悖的,也有悖于浪漫主义的普遍思想倾向,这就是泛神论和宿命论的思想倾向——说它是宿命论,因为它认为神圣力量决定着一切发生的事;泛神论,因为它认为这一超越性力量既存在于灵魂中,也存在于物质中。柯勒律治在讨论知识问题时也意识到了这两种倾向,他不赞成这两种倾向,因此感到十分困扰。①他承认,他的体系展示了上帝的必然性,上帝本身便是绝对存在,但却难以说明为何上帝和宇宙是截然不同的。他坦言,他信奉的哲学学派得出的逻辑结论将不可避免地走向泛神论。并且如果上帝的个性被融入宇宙的整体中,那么为什么人的个性不会同样融入呢?为什么决定一切的神圣精神的概念要分解为个体的自由意志的概念呢?那么罪恶又会如何呢?如果一切都是神圣的技艺的结果,如何会有对错之分呢?对这些两难困境,柯勒律治承认用纯粹哲学思路是无法解决的。但他指出,人类除了[42]辩证思维,还有更深刻的思维。哲学不可避免地使人类"产生分歧,而只有依靠道德存在者,依靠人类的精神和宗教才

---

① 拉夫乔伊(A. O. Lovejoy)在《柯勒律治和康德的两个世界》("Coleridge and Kant's Two Worlds",见《英国文学史》(*English Literary History*,1940 年第 7 期)中提出,柯勒律治区分理性和知性是为了"从哲学层面论证人类的道德自由和可靠性"(页 341)。在拉夫乔伊看来,柯勒律治并未从根本上背离他信服的哈特利的必然论,他并未尝试寻找它不适用的另一个世界。想象力不是解决办法。它不过是把人类内部心理特点导致的决定论替换为外部印象导致的决定论。自由是无法只在本体的世界中找到的。但拉夫乔伊指出,即使在这里,柯勒律治也深刻意识到了自己的罪过,因为他相信万能的上帝在造人时赋予人罪恶的倾向。因此,柯勒律治不可能确立人类绝对的和未定的自由,区分理性和知性的目的没有达成,也不可能达成。

可以跨越这些分歧。"①

---

① 柯勒律治,《朋友》,《全集》,前揭,第 2 卷,页 471。韦勒克(Rene Wellek)宣称,柯勒律治作为一个哲学家,最大的缺点是,"无视不同思想的不兼容性……在柯勒律治的理论中,时而取材于康德,时而取材于谢林,有时又从圣公会神学中搬运材料"(韦勒克,《康德在英格兰(1793-1838 年)》(*Immanuel Kant in England, 1793-1838*), Princeton,1931,页 67)。至少此时,柯勒律治并非如此。但在很大程度上讲,这一跨越支持了韦勒克的基本批判,即柯勒律治试图创建"古老意义上的本体论",但他运用的却是"观念论的技艺",康德曾经为了同样的目的误用了这一技艺,最终他放弃了调和的努力,接受了灵魂和头脑的二元论,在"直接知识和信仰"中寻求庇护,因此成为"对理性的限度和失败的预言者"(第 134 页 - 第 135 页)。温克尔曼(Elizabeth Winkelmann)的《柯勒律治与康德哲学》(*Coleridge und die Kantische Philosophie*, Leipsig, 1933)为韦勒克的结论提供了支撑,作者强调柯勒律治和德国人雅各比(F. H. Jacobi)的相似性,他们都崇拜情感超过智力。施罗克(W. Schrickx)的《柯勒律治和雅各比》(Coleridge and Friedrich Heinrich Jacobi,见 *Revue Belge de Philologie at d'histoire*,1958 年第 36 期,页 812-850)也研究了他和雅各比的关系。

缪尔海德在《形而上学主义者,还是神秘主义者》(Metaphysician or Mystic,见《柯勒律治:多位作者的研究》[*Coleridge: Studies by Several Hands*],London,1934,布伦登和格里格斯编)一文中针对韦勒克和温克尔曼的观点提出了异议。缪尔海德认为柯勒律治并不否认理性和心灵有关,而是在研究理性到底意味着什么,以及理性在人类经历中的作用。柯勒律治的直观是对"思想的完善,思想穿过反思性的灵魂的棱镜获得了丰富的多样性,回归到感觉范畴的直观"(第 192 页)。缪尔海德还对比了柯勒律治对康德二元论的发展和黑格尔对康德二元论的发展。

另外一篇评论宣称,柯勒律治是一位神秘主义者,试图"从当代科学和心理学的角度来对人类经验领域进行讨论,对这些问题,以前的学者也有所认识,也讨论和阐释过,但其讨论方式已经不能被当代接受"(黑文[Richard Haven],《柯勒律治,哈特利和神秘主义者》["Coleridge Hartley and the Mystics"],*Journal of the History of Ideas*,1959 年第 20 期,页 494)。柯勒律治所面临的问题的特殊性在于,他不知道如何成为神秘主义者,"而又不会感觉像是一个狂热主义者"(页 478)。

柯勒律治是一个信仰主义者,还是一个理性主义者,针对这一问题,施罗克的"柯勒律治论康德的一个鲜为人知的注释"一文(An Unnoticed Note of Coleridge's on Kant, *Neophilologus*,1958 年第 42 期,页 147-151)做了十分有趣的讨论。作为报纸撰稿人、政治思想家和宗教思想家,柯勒律治经常讨论一些"使社会分化的问题"。他很像现代存在主义者,渴望用"真实的经历使时过境迁的事物重新充满活力"。(页 150)

这一点似乎非常值得我们注意。在讨论柯勒律治作为哲学家的优缺点时,我们应该记住他在用自己的方式关注当时的重大现实问题。他从布道者开始,也以布道者结束。他不是为专业人士写作,而是为大众写作。他的一些最伟大的著作试图将普遍原则和当时的特殊争议联系起来,例如《教会与国家》、《生命之理论》(转下页)

第二章 哲学基础

精神从习俗和感觉的假象向世界精神的这一提升,这一至高无上的,犹如神明般的理念中的生命,本身就不负生命之名[43],没有了它,我们的有机体的生命就不过是浑浑噩噩的梦游;它是暴风雨中唯一可以停泊的港湾,也是所有真正智慧的证明原则,人性的所有对立以及所有世界之谜的解决之道。它本身属于所有人,对每个人娓娓道来,不管是贤能之人,还是愚钝之人,只要他乐于倾听。①

若想证实对人格神的信仰以及对个人自由意识的信仰,人类就必须接受有关自身宗教感觉的洞见。柯勒律治相信,哲学一直需要宗教信仰作补充。的确,哲学可能是领先的。智力可能要一步步从科学层面接近先前只为信仰理解的东西。对柯勒律治来说,这些哲学的先见之明是人类成就的最恢宏篇章。但不解之谜仍将存在,只有心灵能将之解开。哲学家如果对信仰嗤之以鼻,他就可能还不如那些只听从人性本能的单纯之人。

[44]我相信,我们不应该由此得出结论,认为柯勒律治是反理智的,是情感而非理智的"浪漫派"信徒。② 他的困境是敏感的哲学思维常常经历的困境。他坚定地信仰一些明显难以调和的观

(接上页注①)(*Theory of Life*)。并且,他相信,现实世界中最大的危险来自于那些用狭隘观点看世界的人,来自于那些过度依赖某一种真知的人。在我看来,这是他作为政治理论家最引人瞩目的地方。质疑他构建哲学体系的能力当然正确,也能够得到一些收获。但如果质疑他超凡脱俗的想象方面的洞察力和良好感觉,就是不公正的,他正是依靠它们对现实问题和制度的哲学含义进行细致的分析。把柯勒律治视为哲学体系的建立者,用科伯恩小姐的话说,很容易忽略"他作为一个功能主义者和思想家(functional human being and thinker)的整体的、复杂的、微妙的、零散的、富有启发性的想象"(理查德,《柯勒律治论想象》序言[Foreword to I. A. Richards, *Coleridge on Imagination*]前揭,页 xvi)。

① 柯勒律治,《朋友》,《全集》,前揭,第 2 卷,页 471–472。

② 我们不能简单地指责政治理论家柯勒律治反对理智主义。一方面,他明确指责柏克把情感提升到理性之上,从而使其可以为荒唐可笑、道德败坏的偏见找到合理理由。另一方面,他批评卢梭的政治理论过于依赖直观的和直接的"理性",(转下页)

念。他相信人类精神中反映的神圣能量，认为这一能量决定着不断发展的宇宙。他承认，这一信仰不可避免地导致泛神论和宿命论。他对原初想象的定义也反映出他思想的这一方面。另一方面，他又对基督教和人文主义传统深信不疑。他信仰人格神，信仰人类的个性和自由意志。因此，他相信存在一个道德秩序，相信个人可以进行道德选择。他不赞同"存在即合理"。人类既可以选择罪恶，也可以选择美德。人类的思维是活跃和自由的。既存在最初想象，也存在创新性想象。

柯勒律治一生都致力于找到调和之法。他诚实且无畏地承认，只有信仰能最终在这两套信念体系之间架设桥梁。但他不愿意放弃任何一套体系。如果放弃，他必须否定他精神的最根本直觉。他宁愿承认自身理智的不足，也不愿意放弃信仰。

但柯勒律治绝不是强调情感优于理智。事实上，将二者严格区分开来和他的哲学精神是相背离的。他相信人类理智如果想完全发挥作用，必须和宗教、道德信仰的洞见相结合。毕竟，这些洞见对人类来说是真实的。它们是 [45] 柏格森（Bergson）后来所说的意识的直接材料（immediate date of consciousness）的组成部分。认为物理科学展示的材料比它们更真实，这是缺乏合理哲学根据的。理智如果被人为地同这些洞见分离，就会推出片面观点，这些片面观点是对多样现实的一种讽刺。柯勒律治相信，理智最大的弱点在于它试图随意攫取一种类型的洞见，而压制其他类型的洞见。人类可以通过几种途径获得真理。哲学思维必须对所有途径都保持开放。然而，人类思维若想把握真理，不能仅靠混合所有的信仰。理智的不懈任务便是在承认不可能有最终解决办法的前提

（接上页注②）在柯勒律治看来，直观的和直接的"理性"不足以指导实践，除非和知性这一反思性的能力相结合。（参见第4章）最后柯勒律治对政治理论做出的原创性贡献也许是国家教会这一概念，柯勒律治认为它对民族的政治健康至关重要，国家教会实质上并非一种宗教机构，而是一种教育体制（参见第7章，第136页之后）。

下,寻找统一各种理解的途径。

两种想象所展示的截然不同的哲学倾向如何在政治理论中得到反映呢?这是一个有趣的猜想。一个似乎指向理智的贵族统治(intellectual aristocracy)的政府。另一个呢?如果原初想象反映了泛神论、情感主义和宿命论,那么这些品质又如何在浪漫主义的政治理论中得到体现呢?无疑,我们可以在卡莱尔(Thomas Carlyle)的英雄定义中找到这些品质。也许在卢梭的普遍意志中也可以看到,卢梭相信普遍意志在缺乏反思的大多数的自发决定中最有可能得到尊崇。当然,卢梭非常谨慎地区分了普遍意志和全体意志。但对民主的热情拥护者来说,他们往往会将二者同浪漫主义的世界精神或超越性能量结合起来,从而提出,人民的声音便是上帝的声音。不管是哪种情况,受推崇的群体——英雄或人民,都对神圣意志拥有特殊的洞见,这种洞见的基础不是理智,而是直接的直观性知识。

两种相反倾向支配着柯勒律治的政治理论。他强调由一种活跃的、受到规训的理智把握真理的必要性,强调次级想象,使他如柏拉图那样,信仰一种有教养的贵族统治。我想,我们可以说,随着后来柯勒律治在政治上成为保守主义者,他已经不再是一个"浪漫派"。这就假定了,次级想象与原初想象相比更少浪漫派色彩。但这一假设有正当理由吗?在[46]浪漫派运动的大多数主要代表人物那里,反映在他们中的那些相对立的思想倾向都以一种不太融洽的方式共存着。认为其中一个是浪漫派,另外一个不是,这也许是一种太过武断的做法。浪漫派哲学的基本信条是,认为每一个真理都包含对立面。这是浪漫派避免对现实产生片面观点的一个公式。也许研究浪漫派思想的人都应该认真考虑一下这个公式。

第三章 浪漫主义语境

[47]在讨论柯勒律治的一般哲学(general philosophy)时,我曾多次用到"浪漫派"(Romantic)和"浪漫主义"(Romanticism)这两个术语。这种用法不太寻常,需要做一些解释。如果在此仍然继续讨论浪漫主义,那么,这种讨论方式就过于柯勒律治式风格了,也可能会使前几章连贯的讨论中断。然而,浪漫主义思想的特点对理解柯勒律治的政治理念有举足轻重的作用。① 因为柯勒律治不是一个孤立现象;他是一场重要知识和精神革命的一部分,这一革命引领了现代文化,其整体影响才刚刚被思想史研究者领会。如果说19世纪有什么运动,其影响可以和18世纪的启蒙运动媲美,那便是浪漫主义运动。事实上,19世纪的文化史可以被视为一部浪漫主义世界观崛起、瓦解和衰落的历史,其影响一直延伸到本世纪。

长久以来,在文学史、艺术史和音乐史各自的领域中都存在浪漫主义的概念,与思想史领域相比,它在这些领域的定义都很狭窄。在很多特殊流派的作家和音乐家的作品中都有浪漫主义风

---

① 我对浪漫主义的讨论,目的在于展现柯勒律治周围更加广阔的文化语境。我认为,浪漫主义和宪政主义之间可能存在的紧密关系是非常重要的——这一点在其他章节中比本章讨论的要多。

格,其中有一两代作家的作品[48]展示出极高的天赋,但用现代的眼光看,它们可能有明显的不足:情感意味太浓。"浪漫派"一词源于法语"roman(OF. romant),语义模糊,原指用粗俗语言而非拉丁语书写的故事,题材多为散文,记述一些英雄故事、爱情故事、奇闻异事或美丽风景"。每种文化在某种意义上都包含些"浪漫派"的特征,即奇异的、不受约束的风格。

作为思想史上的概念,浪漫主义一般被认为是一种看待世界的方式,是在反对启蒙运动世界观统治地位的过程中发展起来的。更确切地说,它指的是一个文化运动,首先在德国兴起,与18世纪晚期的一些知名人物有关,如雅各比、莱辛、赫尔德以及歌德。英格兰在世纪之交也兴起了明显的浪漫主义运动,它往往与下列这些名字联系在一起:布莱克、华兹华斯、骚塞、柏克,当然还有柯勒律治。

与其他主要的文化运动一样,浪漫主义可以在过去找到根源。卢梭就是其主要而直接的灵感来源。甚至一些与其截然相反的思想中也存在"浪漫派"元素,如沙夫茨伯里、剑桥柏拉图主义、莱布尼茨、斯宾诺莎和德国虔敬主义。休谟有力地反驳了启蒙运动的理性主义假设,因此也在无意识中为浪漫主义事业做了贡献。康德也是如此,浪漫主义学者修改了他的哲学体系,并为其所有。

研究浪漫主义的主要困难在于如何定义它,这也是所有思想研究中的一个普遍难题。当然,与浪漫派创作的画作相比,启蒙运动更加复杂多样,然而启蒙运动在一些基本原则上却有着一定程度的一致。而浪漫主义不存在这种一致。首先,这个词本身有着各种各样的、相互无关的内涵。就像自由主义一词,它的含义本身就是模糊的。对很多人来说,它带有褒义,但同样的,在很多人心中,它又带有贬义。即使在文化史中,它如同"古典"或者"风格主义"一样,可以用来形容任意时代的某个阶段。拉夫乔伊认为这个词完全丧失原则,无用之极,[49]应该从我们的词汇表中直接隐去。他的建议可以说是一步到位。① 其他研究这一时期的学者试图去挽救这个词,将它改成"浪漫主义者"(Romanticist),——这也许有用,但明显是一个毫无魅力的替换。②

除了这个词本身带来的困难,浪漫主义者本身也有着极其复杂的个性。很难从中得出一种"正统"的浪漫主义。他们看重个性和随性,因此对概括性的定义来说,他们是桀骜不驯的主体。他们的哲学把现实看作是对立之间的微妙平衡——这一概念有助于理解他们的思想,但无助于对他们进行归纳和分类。相应地,如果过度地概括和抽象,很容易误解浪漫主义。典型的浪漫主义的多样元素往往取决于其作者糅合它们的方式。因此,脱离语境,单提出某个元素作为某种浪漫主义或全部浪漫主义的典型,未免太过于草率。浪漫主义思想的精髓在于平衡,而非它们的组成元素。尽管存在上述困难,这一术语仍在使用。它的确暗示了一种方式,可以将政治、文学、哲学以及艺术领域的纷繁复杂的现象相互联系起来,形成对现代西方文化的更全面见解。

也许列举一些典型的浪漫主义元素会有所帮助。由于上述原因[50],这样的一个列举可能只是假设性的——只是有助于锁定相关问题,而无助于解答问题。因为不管我们如何定义浪漫主义,

---

① 拉夫乔伊,《论浪漫主义的鉴别》("On the Discrimination of Romanticisms"),见《观念史论集》(Essays in the History of Ideas), Baltimore, 1948, 页 228-253。这句话也可以用来评论启蒙运动。习惯于只从浪漫主义角度观察时代的人应该阅读一下卡西尔(Ernst Cassirer)的《启蒙运动的哲学》(The Philosophy of the Enlightenment, Princeton, 1951)。

启蒙运动中出现了无数类型的浪漫派,这是很明显的。对文化史的研究越深入,便会越来越趋向于完全抛弃这些标签。但我认为,完全放弃这些归纳,等于割断了文化史和当今思想的很多可能存在的联系。

② 想了解这些术语的定义和存在的合理原因,请参阅巴尔赞(Jacques Barzun)的《古典、浪漫派和现代》(Classic, Romantic, and Modern, Garden City, 1961),第一章,"浪漫主义——消亡抑或生存?""浪漫主义者"一词已经使用很久了。《牛津英语词典》认为它早在 1830 年——在《布莱克威尔杂志》(Blackwell's Magazine)第 27 卷第 317 页就出现了。

第三章 浪漫主义语境

没有一个浪漫派会一直是浪漫派。一个概括的定义只可能描述某一阶段占据主导地位的浪漫派。在思想史中,概括的定义越抽象统一,它适用于某一特殊对象的可能性就越低。如果讨论思想和某些人的关系时,这一两难境地是无法避免的。

首先,众所周知,浪漫主义是对新古典主义文学和启蒙运动的艺术品位的反叛。启蒙运动在形式上宣扬艺术的成规,浪漫派则赞赏随感而发和个人主义。启蒙运动的作者往往崇尚润色、秩序、理性和自律。浪漫派偏好活力四射的情感,澎湃的激情和独特的无序。早期浪漫派的"反叛"源于两个基本的关切:对艺术自由或者说"个性"的渴望;对人类行为和经验的非理性的、情绪化方面的浓厚兴趣。

个性是一个令人难以捉摸的概念。也许这样说会更有帮助:浪漫派,如同中世纪的唯名论者,关心特殊性,而怀疑普遍性。他们尤其对概括不耐烦,因为概括可能转变为规则,限制艺术家的创作自由。启蒙运动的世界观鼓励人们寻找普遍性法则,总结他们认为是永恒的自然秩序的某些方面。牛顿发现物理定律,其他人试图在不同领域成就同样的权威。在艺术领域,新古典主义的喜好总是以"规则"作为结尾。但浪漫派更欣赏例外,而非规则,更欣赏奇闻异事而不是平平淡淡。他们藐视公认的艺术传统,他们感觉,只有这样才能充分展示个性的视角和天赋。然而,随着"反叛"日趋成熟,他们不再像反对启蒙运动的信条和喜好那样,反对所有秩序和形式。例如,很少有人指责柯勒律治和华兹华斯无视普遍的文学批评原则。但浪漫主义的确十分憎恨[51]启蒙运动的评论家们,他们用特殊的规则对经典文学作品进行评论,得出的结论是这些作品十分低劣,因为这些作品不符合他们的规则。伏尔泰把莎士比亚踢出天才之列,将他归为粗鄙的野人,这种评论尤其令人义愤填膺。对浪漫派来说,启蒙运动的准则并非真正的普遍原则,丝毫不能反映事物的根本秩序,而是一些恣意妄为的规则,傲慢的、缺乏诗意的时代试图将它的品位强加给过去和未来。

不仅个体的艺术家们崇尚个性,不同的文化也崇尚个性。现代历史主义和文化相对论的创始人赫尔德是一个浪漫主义者,这不足为奇。① 启蒙运动的趋势是挑选出一个世界性的理想文化,其他文化都根据与这个理想的差距,而被看作是有前途的或退化的。这种处理方式的结果便是,全部民族和时代被摒弃在文明之外。与此相反,赫尔德认为,每个民族都有自己独特的过人之处。他阐述说,谁能说一种文化或一个时代优于其他文化或时代呢?评论家和历史家的任务是从每种文化的特性出发去理解它们,而不是根据外部标准去评判它们。赫尔德的教义既是在为自己对民间文学的兴趣正名,也是试图将德国文化从法国启蒙运动的束缚中解放出来。

浪漫派对个性的崇尚和对人类非理智的、情感经历的兴趣之间有天然而紧密的联系,这也是它被认为是理性之反叛的原因。启蒙运动认为,理性是所有人类的共性,从而使所有人在喜好和评判方面趋同。当人类受情感支配,行为失去理智时,便会创造出特殊的概念和信仰,使人类分化[52]。启蒙运动教导人们回避生命中非理智的维度,浪漫派则试图充分地开发它。对浪漫派来说,似乎有更深层次的真理等待直观和情感去发现,而这靠抽象的哲学推理是做不到的。18世纪狂飙运动时期的德国文学,以及雅各比和雅各比学派的认识论将这一特点展现得淋漓尽致。

---

① 赫尔德是最典型的和最彻底的浪漫派。《人类史的哲学概念》(*Ideen Zur Philosophie der Geschichte der Menschheit*, Riga and Leipzig, 1784-1791)是他最博大精深的著作。他第一个使用了现代意义上的"文化"(Kultur)一词。参见克拉克(Robert T. Clark, Jr.)的《赫尔德的生活和思想》(*Herder, His Life and Thought*, Berkeley and Los Angeles, 1955),舒策(Martin Schutze)的《赫尔德思想的基本理念》("The Fundamental Ideas in Herder's Thought",载于《现代语文学》[*Modern Philology*], 1920-1921第18期,页65-78和页289-302;1921-1922第19期,页113-130,页361-382;1923-1924第21期,页29-48,页113-132)。

浪漫派对非理性和非常状况的关注导致了这场运动的领袖人物中许多人在私人行为上个性张扬。然而，艺术家本身的个性乖张不一定会影响他的作品，这一点常常被忽略。事实上，很多浪漫派声名远播，不仅是因为作品中娴熟的艺术手法，更重要的是这些数量巨大的作品是作者在短暂而不平静的一生中完成的。柯勒律治便是一个很好的例子。他命运多舛，但他的诗作展现出完美的技艺。

早期浪漫派对情感和非理智的关注并非一种肤浅短暂的热情。它指向的也许是浪漫派最显著的特点：它对使万物充满活力的精神力量的信仰。神圣能量遍布于所有造物中，赋予宇宙生命、形式和目的。更重要的是，人类可以和神圣能量交流。华兹华斯在自然中寻找到了神性。对布莱克来说，"所有生命之物都是神圣的"。赫尔德认为自然中、在历史上所有自由人的精神中——任何地方都存在着超越性能量。①

我们已经在柯勒律治的理论中看到了泛神论的倾向，以及它在柯勒律治身上制造的麻烦。② 一方面，其他的浪漫派，甚至包括赫尔德都否认自己是泛神论者，另一方面，他们通常把上帝看作赐予宇宙生命的内在力量，而不是造物之外的独特存在。因此，对他们来说，神本质上是在尘世中的，而非居于天堂之中。尽管浪漫派强调自己所说的"宗教"感，尽管他们中的很多人[53]热情地赞赏教会的审美和合作的传统，但他们的世界观和正统的基督教本质上是不一致的。不只个别的浪漫派作家拒绝原罪等基督教特殊教义，而且浪漫派有关神性的整体观念与传统的基督教教义大相径庭。浪漫主义是一种崭新的现代宗教。浪漫主义赋予宗教感觉很多特权，基督教后来的多次复兴，如牛津运动等，都从中获益良多，

---

① 参见赫尔德，《上帝……关于斯宾诺莎体系的几个谈话》(*Gott... Einige Gesprache uber Spinoza's System*, 1787)。

② 参见第二章第41页之后。

但只要它们还是传统意义上的基督教,它们便不可能是浪漫派的。

浪漫派对神性的追寻通常是指向内心的,而非指向自然或历史。例如,谢林提出的"自我意识"的更高状态,在这种更高状态中,人可以脱离感觉的范畴,而成为一种具有永恒生命力的存在,后者是一切存在的基本现实。① 柏格森从生物进化论出发,为

---

① 参见谢林,《先验唯心论体系》(System of Transcendental Idealism, 1800)。柯勒律治《文学生涯》第12章中的思想甚至连措辞也和谢林思想相似,但未作引用标记,这是众所周知的。但这种相似性至少是有条件的。首先,在第12章中,柯勒律治既是一位观念史家或者观念的分析论者,也是一位具有原创性的哲学家。他试图勾勒出哲学界在认识问题上的两个学派的根本思想。他没有宣称自己是任何一派的创立者,只是总结了两种观点。在《文学生涯》第9章中,他承认谢林对自己的影响:"在谢林的'NATUR-PHILOSOPHIE'(自然哲学)和'SYSTEM DES TRANSCENDENTALEN IDEAL-ISMUS'(先验唯心主义体系)中,我发现了与我的辛苦思考不谋而合的东西,对我必须做的事帮助甚大。"但他接着宣称:

思想的一致,甚至语言的相似不一定能证明,这篇文章是从谢林那里抄袭而来,或者这个概念最初是从他那里学习来的。在这里以及在其他一些我之前谈及的施莱格尔(Schlegel)的精彩演讲中,其中有很多明显相似的思想,但出于为我受到的剽窃指控辩护的目的,我要说,事实上,那些重要而根本的思想是在我没有接触到这些哲学家作品之前就在脑海中形成了的,我可以用事实证明,在谢林那些更重要的作品创作之前,至少在它们公开之前,我便已经思考过了。这些不谋而合不应受到质疑。我们曾经在同一所学校学习;初期受到过同一种哲学的训导,这就是康德哲学;我们同样受到了布鲁诺(Giordano Bruno)的极向逻辑(polar logic)和动态哲学(dynamic philosophy)的影响;谢林最近在一个出版物中宣布,他对边沁和一些神秘主义者的探索表达了崇敬之意,而我很早之前就产生了这样的感情。谢林体系和边沁的某些一般观点不谋而合,他宣称那不过是巧合;而我做的更加直接。他给予边沁的不过是赞赏,而我欠他的是感激。上帝不容! 我不应受到怀疑,认为我希望和谢林争夺伟大创新思想家的荣誉,争夺自然哲学创始人的地位,以及动态体系的成功改良者的称号,这个动态体系是由布鲁诺创建的,康德用一种更哲学的方式,并去除了所有杂质和虚幻的伴随物。所有这些荣誉无疑应该属于谢林;这些都是他自身体系的内在的和必要的增长。"(《文学生涯》,肖克罗斯编,前揭,第1卷,页102–104)。

赫希(Donald Hirsch)对1797年到1806年间——学者们往往都赞同,这段时期华兹华斯和柯勒律治对谢林一无所知——华兹华斯和谢林观点的相似性进行的研究,证实了柯勒律治关于独立性的声明。参见赫希,《华兹华斯和谢林》("Wordsworth and Schelling",见 Yale Study in English, New Haven, 1960,页145)。　　　　　　　　　(转下页)

第三章 浪漫主义语境

[54]20 世纪的思想史引入了和柯勒律治十分相似的理论。①

浪漫派当然相信,感知内在神圣能量的作用,便是掌握了真理的最高形式,理解了现实中最重要的方面,不管神圣能量存在于自然中、历史中还是人类中。然而,想掌握最高形式的真理,只靠理智之人的寻常理解力是不够的。探索这些宇宙之谜,需要更高层次的、直觉的洞察力[55]。因此,柯勒律治区分了思维中更高层级的直观能力——他认为应该称之为"理性"和寻常的理性能力(rational power),即"知性。"

强调直观的,而非仅仅基于理性的知识,意味着用自发的、不受约束的直观取代严格的哲学分析,这也是康德恐惧的。② 但在很多情况下,这些自发的直观能力对传统形式的合理性(rationality)的危害要比康德预想的轻微得多。对浪漫派中的那些最富哲学味的人士们来说,理性之于知性的关系,正如在托马斯对立统一体理论(Thomist synthesis)中启示真理和自然法之间的关系。例如,不是所有的浪漫派都认为,科学应该抛弃实验室,而应该多在乡村进行反思。事实上,运动的一些领导人物,如柯勒律治和歌德,对当时的科学思想了如指掌;相反,浪漫派认为,常规的

(接上页注①)也许谢林才有最终裁判权。赫希教授指出,谢林曾在一个长注中表达了对柯勒律治有关一般哲学的理解,尤其是他对哲学和神学关系的理解的敬佩之情。对英国人批评柯勒律治不加标注引用他的术语,他表示了并且暗示了这样一层意思:柯勒律治的国人思想物质化,他们认为,哲学的概念和术语是一种技术发明,应该防止竞争者的盗用。但在谢林看来:"一个真正和谐的人不应斤斤计较"(谢林,《神话哲学导论》("Einleitung in die Philosophie der Mythologie"),见 Sämmtliche Werke,谢林编,Stuttgart and Augsburg,1856,第 1 卷,页 196)。

① 拉夫乔伊,《理性、理解和时间》(The Reason, the Understanding, and Time),Baltimore,1961。

② 康德刊登在 1796 年 5 月的《柏林月刊》(Berliner Monatsschrift)的著名文章《近来哲学界最高贵的声音》("Von einem neuerdings erhobenen vornehmen Ton in der Philosophie")表达了他对此的恐惧。拉夫乔伊在《理性》整个第一讲中都是在讨论康德和德国浪漫派之间的关系。康德的批评是否适用于柯勒律治似乎是第二章注释 22,23 和 25 中讨论的那些批评家们关心的中心问题。

实验只有在直观灵感的指引下,才能揭示意义重大的真理。因此,浪漫派的主要兴趣就从对非理性的关注转变为对全面认识论的关注,浪漫派的理论更复杂了,但其"哲学"意味丝毫不逊于他们反叛的启蒙运动的相应理论。

浪漫派的理性学说赋予善于创新的艺术家们以新的特权。既然想象和重要知识的感知密不可分,那么诗人或艺术家的非凡敏感性就可能会获得有关事物真正属性的真知,而这可能是缺乏想象力的科学家无法企及的。艺术家可能拥有超乎常人的视界,能感知万事万物中内在的神性,不仅如此,诗歌或艺术可能是表达这种视界的更好途径。这便是浪漫派信仰政治"英雄"的由来。某个人,具备不同寻常[56]的想象力和洞察力,因而与其他人迥然不同。他们生性骄傲,与人格格不入,就如拜伦笔下的英雄,或者,如黑格尔的世界历史人物一般,是人类的领导者,是在历史中起作用的世界精神的工具。又或者,他们可能是卡莱尔笔下的先知、导师、国王或神明。① 因此,理性学说产生了非民主的后果,这并非是不可避免的。理性,正如赫尔德所言,存在于普通人组成的伟大群体中,——用卢梭的话讲,存在于普遍意志中。它实际上不是英雄的声音,而是通过人民之声表达的上帝之声。因此浪漫主义要么是威权式的,要么是民主的。

浪漫派思想的另一个特点便是欣赏时间的重要性。时间在启蒙运动的世界观中无足轻重,启蒙运动把自然看作一个永恒法则统治下的奇妙机器。对浪漫派来说,生命是变化的同义词,自然不是机器,而是一个有生命力的有机体,从未静止,总是处在永不停歇的变化中。浪漫派认为宇宙本身处在不停的变化中,因此,他们试图寻找支配生长的原则——这就是柯勒律治和黑格尔所说的

---

① 参见卡莱尔的《英雄和英雄崇拜》(*Heroes and Hero-worship*, London, 1841)。宾特利(Eric Bentley)的《英雄崇拜的世纪》(*A Century of Hero-worship*, Philadelphia, 1944)探讨了浪漫派的英雄学说的后来发展。

"理念"。

这种自然观也不可避免地在其他领域中得到反映。启蒙运动被称为非历史的时代,不是因为它对历史不感兴趣,而是因为,在启蒙主义者眼中,每个时代都在某种程度上和其他时代有相似之处,并且启蒙运动致力于寻找统领人性本质的具有普遍性的法则。如上文所述,浪漫派历史家往往将过去区分为种种不同的文化,应该按不同的标准来评判。当浪漫派寻找更普遍的内在一致性时,其实是在寻找一种原则,这种原则似乎决定着一个时代向另一个时代的转变。浪漫派希望能在自然和历史中找到秩序,但不是通过发现永恒不变的普遍原则,而是通过揭示所有事件的内在统一的目的、目标或"理念",这一理念会[57]随着时间的推移渐渐显露。① 因此,时间是真理不可分割的维度。在柯勒律治的"英国宪政之理念"中,十分清晰地展现了这一观点。

对时间和过程的强调产生了诸种政治和社会影响。总体上看,浪漫主义可以说促使人们更注重逐渐的进化,避免突然的、灾难性变革。这一倾向,尤其是在法国大革命之后,为保守主义所采纳,他们用这种倾向来为自己的如下性情辩护,这就是,容忍人类事务中的不完美,偏爱那些能够产生变革的方案,而不是造成暴风骤雨般的突变。然而,浪漫主义强调的渐进式发展也恰好迎合了自由乌托邦主义的需求。完善的社会现在就可以达成,虽然不可避免地,现在的完美总有一天会过时。很多早期浪漫派热情地拥护革命——至少在初始阶段是如此。后来的浪漫主义在这一点和在其他方面,不论是对左派还是右派都很有吸引力。②

---

① 参见第二章第 35 页,第五章全部和柯勒律治的《教会与国家》第 1 章。
② 长久以来,文学批评界一直倾向于将浪漫主义和法国革命联系在一起。早期浪漫派有关内在神性的设想对如布莱克、柯勒律治、华兹华斯等作家的诗歌创造性产生了重要影响,它常常与他们对于将由革命创造的新世界的热情并行。随着政治幻想的破灭,他们的诗歌创造也陷入低潮。在很多德国作家中也存在这种　　（转下页）

几乎所有受到浪漫主义影响的哲学家都认为必须提出一个崭新的进化论逻辑——过程逻辑。这种观点产生了深远影响。这类新逻辑中最著名的一个便是黑格尔的正题、反题和[58]合题的"辩证法"。① 浪漫派对过程和时间的关注与对内在神圣能量的信仰相结合,自然地产生了一种宿命论的历史哲学观。世界精神的进步是不可避免的。成功本身可以为自己正名。柯勒律治在其政治论著中表达了对这种倾向的抗拒,他强调失败的可能性和理智领导的必要性。② 正如上一章所指出的,这一立场使他陷入到无数的逻辑困境中。

(接上页注②)模式。"情绪低落"的柯勒律治成为政治上的保守派和哲学家。那他不再是一个浪漫派了吗?当然,答案取决于他的思想有没有经历一个深刻的转变。柯勒律治不认为他的思想缺乏连续性,并且他一直不辞辛苦地想要证明,即使在他的政治思想中,也没有改变基本原则,只是在使用它们时更审慎,思考也更深入。参见《朋友》,第一部分,第6章和第16章。后来的柯勒律治是否还是一位浪漫派,这是一个实用性的问题。正如本章所揭示的,在我看来,强调那些至少有时是浪漫派的人在其早期和晚期思想之间的连续性是非常有用的。

① 柯勒律治本人提出了一种非常精细的辩证逻辑。参见斯奈德(Alice D. Snyder)编撰的《柯勒律治论逻辑和学识》(*Coleridge on Logic and Learning*, New Haven, 1929)和《柯勒律治论方法》(*S. T. Coleridge's Treatise on Method*, London, 1934)。也可参阅米勒的一篇文章《柯勒律治对自然的定义》("Coleridge's Concept of Nature",见 *Journal of the History of Ideas*, 1964,第25期,页77-96。

② 我的观点是,尽管从整体上讲,信仰和合理的理性之间、决定论和自由意志之间、普遍性和特殊性之间的紧张关系无疑且自始至终都存在于柯勒律治的思想中,尤其他的政治作品中,但他强调合理性、选择和特殊环境——因此,他也强调个人和国家在生活中失败的可能性和罪恶。十分有趣的是,柯勒律治在他的哲学史演讲的"介绍"中提出,人类思想的发展"似乎是单个思维在不同环境下和在不同成长和发展阶段中进行的努力;因此,每一个变化和每一个新的发展都应该有它的原因,谬误、不足或早熟都应该有它的解释"(页67)。后来,在第二个演讲中,他又被希腊文明和希伯来文明之间对立又互补的特点折服——"不完美的一半,经过几个时代,两个都成熟并且完善,最终在某个点上汇合,包含了两者的优点"(页87)——他承认,这一观察很自然地会使人和他有同样的感觉,这就是"相信有某种天意在引导这一伟大世界戏剧走向它的结局"(科伯恩编,《柯勒律治哲学演讲集》,*The Philosophical Lectures of Samuel Taylor Coleridge*, London, 1949,页67,页87)。但对柯勒律治来说,就如同对于《失乐园》中的弥尔顿一般,在历史上,天意的设计并没有排除自然法或个人选择、失败或责任。

执着于无限性这一理念是浪漫派的另一特点,这与他们的动态宇宙观和对时间的兴趣不无联系。浪漫派和基督教徒一样,认为历史是不断进步的。但浪漫派的历史哲学与奥古斯丁的历史哲学不同,在这里没有一个可以预测的最终行动(last act)。人可以看到超越性能量(Kraft)、存在、世界精神在过去起作用——甚至可能在现在的某个时刻被直观性地体验到[59]——但它永远是变化的、难以捉摸的,不断向目标前行,即使最有天赋的想象也难以捕捉它。神圣能量是无限的或者不受限制的有两层含义。它不拘泥于任何可预见的结论,也不受任何永久形式或规则的约束。世界精神的任何体现——如某一民族文化——都需要独特的秩序。随着世界精神走向一个崭新的、更加现代的文化,必然出现新的科学和道德。随之而来的是一个因无限的、不可预测的生命力而生机勃勃的世界。

这种观点对浪漫派的基调乃至整个19世纪的影响十分深远。永远难以满足的对爱的渴望以及帝国主义者对扩张的欲壑难填是它的体现。罗德斯(Cecil Rhodes)曾经坦言,如果非洲已被瓜分完毕,那么他会试图吞并天上的星星。那个世纪的座右铭可以用丁尼生(Tennyson)的《尤利西斯》(*Ulysses*)中的一句话表达:"努力、追求、找寻,永不放弃。"可以再加一句,"永不满足"。

虽然浪漫派艺术家崇尚个人主义,但在社会和政治思想方面,他们常常更注重整体,而非个人。在这个方面以及其思想的其他方面,它颠覆了启蒙运动整体的思想倾向。浪漫派产生之前的政治思想家,如霍布斯、洛克、启蒙哲人们,倾向于一种有关社会和国家的原子式观点,个人和政府各执一边。二者都由于开明的自我利益而站在自己的立场上,要么受绝对主义者的影响,要么受代议制影响。另一方面,浪漫派倾向于一种有机的,而非原子式的、机械的社会观。政治被视为群体的事务——庞大的、全体的群体,有点像民众(Volk),或者说,更像一个民族社会中特殊的合作组织。

例如，对柏克来说，国家是民族各社会组成部分之间的神圣的合作关系，这些组成部分由于共同利益，更由于根植于民族意识中的忠诚、记忆和身份而集合在一个传统的宪法框架中。浪漫派更看重政治中的非理性因素。也许[60]是由于他们热烈地拥护艺术个性，所以他们十分关注个人和群体的心理关系。他们的心理学研究声名远播，不仅是由于他们对非理性和情感的关注，更重要的是因为他们对"自我"及其身份问题的关切。① 一些学者试图通过身份心理学调和个人主义和社团主义（corporatism），正如有人试图通过理性定义来调和他们对非理性的欣赏和他们对内在一致性的追求一样。

想必读者们在此应该赞同前面提到的那些著名学者的意见了，即认为浪漫主义这一术语无用至极。个人主义、非理性主义、历史主义、宿命主义、社团主义，对无限性的渴望——这些多样的观点结合成为一种世界观。用一个术语包容这些针锋相对的思想倾向说得过去吗？如果没有赫尔德、谢林、黑格尔、柯勒律治这些伟大思想家将这些特点吸收进各自的哲学体系，那么它将什么都不是。在此过程中也展示了浪漫派的另一特点：坚信各种知识的内在统一。当然，启蒙运动也是一个百科全书的时代。但浪漫派认为，启蒙运动只是通过压制人类经验的整体维度，获取对现实内在统一的看法。浪漫派决定不忽视人类知道的和感觉到的任何事物。他们相信，真正意义上的哲学能展示人类知识看似对立的形式背后更深层次的内在统一，需要的不是判断谁是真理，谁是谬误，而是探寻能包容这些东西的更高层次的真理。这是一种典型的浪漫派学说：任何真理都有对立面。黑格尔这位伟大的浪漫派

---

① 拉夫乔伊的《理性》和巴尔赞的《古典、浪漫派和现代》详细讨论了浪漫派的自我。在英国的新黑格尔主义哲学家鲍桑葵（Bernard Bosanquet）的作品《道德自我之心理学》（The Psychology of the Moral Self, London and New York, 1897）中，可以看到一个非常有趣的浪漫派自我心理学的发展。

对立统一大师(synthesizer),提出了对立逻辑,并将其推向历史舞台。在人类过去所有的迷惑和不幸中,黑格尔看到世界精神[61]在对立面的推动下,不断走向人类社会的更高形式。只有伟大的历史家能体会到"理性的狡黠",但无论如何它都在发生作用。不管是历史,还是知识都具备目的和内在一致性。在综合性和内在一致性的双重关切中,伟大的浪漫派思想家创造的哲学体系,不管从视野层面,还是从学识层面,都是引人注目的,也许他们对纷繁复杂的细节过于苛求,但他们对终极的内在一致性的不懈追求却是高屋建瓴的。

当然,并非浪漫派时期的所有人物都试图调和或能调和这些对立的特点。也并不是每个人都愿意接受调和之后的观点。大多数人都具备浪漫派的部分特点。浪漫派的派系之多,堪比中世纪的基督教会,而且他们没有教会的斡旋与约束,连共同的追求和归属感都谈不上。浪漫派不再是"浪漫派"、放弃信仰和理性,也并不罕见。世界精神或与其他类似之物所面临的困难是,必须相信它们是能够看得见的。

正如我们可以期待的,评论家了解浪漫主义发展的某些阶段。首先,可以认为,狂飙运动的浪漫主义主要关心的是摆脱启蒙运动的束缚。这是一种无序的、情绪化的浪漫主义,主要是破坏性的和否定性的。在政治和社会方面,这一阶段的浪漫主义是激进的和革命的。大多数浪漫派热情地欢迎法国革命。第二阶段的浪漫主义在哲学上是积极的,并且提出了对立统一理论,这是德国的黑格尔时代、英国的柯勒律治时代——"高级浪漫主义"(High Romanticism)。政治上更加保守。这不仅反映了法国革命后幻象的破灭,而且反映了浪漫派关注时间和过程,而非暴风骤雨般的巨变。第三阶段是浪漫主义的解体或分化。① 浪漫派的平衡需要理智方

---

① 巴尔赞合并了前两个阶段,即1780年到1850年,并把第一阶段描 (转下页)

面的极大努力,并且转瞬即逝[62]。整个运动分崩离析。各部分散落在整个世纪的文化生活中,无数观点各异的艺术和哲学派别崛起。现实主义、自然主义、英雄生机论、象征主义、达尔文主义、瓦格纳主义以及其他无数现象都可视为浪漫主义的分支或变体。

我希望在这个对柯勒律治的研究中能阐明和证明,浪漫派的世界观对理解和解决现代宪政国家的诸多问题大有裨益。注重个人和秩序的调和,特殊性和普遍性的调和,自我和群体的调和,这些就使浪漫派对政治共识十分敏感。强调时间和发展也契合当今时代——这个时代见证了持续变革,亟需适应这些变革,同时需要长久的忠诚和价值观以保持一种连续感。

简言之,柯勒律治的国家理论是典型的浪漫主义产物,①其典型性不逊于《忽必烈汗》、弗里德里希(Csapar David Friedrich)的画作,或第九交响曲。《教会与国家》是一部巨著,不仅记录了柯勒律治的思想,也记录了那个时代处于统治地位的知识和思想潮流。

(接上页注①)述为"所有领域的非凡的、不懈的、'非特化'的创作"。他认为其他代表着"选择、改进和强化"的三个阶段是:现实主义(大约 1850 年-1855 年)、象征主义——又称为印象主义、自然主义(这两阶段大约是在 1875 年-1905 年)。(巴尔赞,《古典、浪漫主义和现代》,前揭,第 99 页)。在有关柯勒律治的研究中,与其把后来专门化的各个变体解释清楚,还不如将巴尔赞的第一阶段进行再划分更有用。但需注意的是,很多伟大的浪漫派的"对立统一大师"都首先经历了狂飙运动阶段,赫尔德就是最明显的例子。

① 柯勒律治在他的第十个哲学讲演中使用了浪漫派一词(1819 年 3 月 1 日),以描述哥特人思想中内在的和想象的"天赋"。科伯恩小姐(Miss Coburn)注意到,当时的用法带有浓厚的德语色彩,而不是英语色彩,并且暗示它与席勒和施莱格尔的关系(科伯恩,《柯勒律治哲学演讲集》,前揭,页 290-442)。十分有趣的是,在同一演讲的开头,柯勒律治比较了哥特人的"联邦特点"和典型的希腊政治以及所有古典思维中的"直接共和主义的或者说国家的特点"。哥特人"被联系在一起,但每一个部分都保持了自身的完整性和个性"(页 289)。而基督教和经院哲学家们却试图构建一个对立统一体。

第四章 人性和政治理论

[63]当柯勒律治将他的方法,尤其是他有关理性和知性的区分,运用到政治学中,当时的乌托邦分子和反对分子的谬误便立时无法遁形。他们有关人性的观点都是片面的,过于强调人类的一种能力,而排斥其他能力。正如柯勒律治所言,人性包含三种截然不同的官能,而这三种官能都不能被忽视,这就是感觉、知性和理性。首先,人类是感觉的动物。他拥有单纯的物质需要和动物激情。但人类不只是一种动物,而是一种理智的动物,一种具备知性能力的生物,能根据普遍原则和期望来规划他的生活。最后,对柯勒律治来说,人类还不止如此。有了理性,人在某种程度上犹如天使,理解并参与宇宙呈现出的神圣秩序。人是理智的动物,偶然闪烁着天使的光辉。人是所有上述这些能力的总和。柯勒律治相信,如果政治理论过于强调人性的某一方面,那么,这一政治理论便误入歧途。

乌托邦主义者认为国家是为天使准备的,而反动派人士则认为国家是为野兽准备的。他们一个将统治单纯建立在纯粹理性之上,另一个则将统治建立在强迫与威胁之上。作为传统英国宪政的拥护者,柯勒律治试图将两者的理论一起推翻。

大多数保守派人士认为,拒绝革命的乌托邦主义是理所当然的,但对柯勒律治来说,这并非易事。他对待革命的态度似乎总有些踌躇不决。他宣称[64]自己绝非雅各宾派,事实的确如此,但年轻的柯勒律治心中充满了改革热情和他那个时代的乌托邦思想,这也是实情。尔后,柯勒律治变得十分有趣,作为一个保守派,他的改革热情和以原则指导实践的思想从未离他远去。并且,随着他对人性的了解不断深入,他试图将自身的原则加以精致化和扩展。原则必须反映现实,才能真正有用,不论是人还是人类世界,都不是单纯由理性支配的。纯粹理性在纯粹理念的领域内畅行,这些理念往往具有普遍性。乌托邦学派总是一成不变地假定一个普遍性的理想:"一种宪法和一种立法体系。"①根据这种观点,任何超越政治学整齐划一的、普遍的理性法则的事物都是对理想真理的不必要的破坏。"如果不是任何地方都需要的,便是任何地方都不需要的。全部理论都以此假设为基础"(同上)。柯勒律治相信,这种推理并非政治理论,而是"元政治学"(metapolitics)。如果这种元政治学仅仅是一些隐士般的哲学家的无伤大雅的高谈阔论,可能也没有什么危害。但法国革命却充分证明了,乌托邦思想如果和宗教狂热主义、暴虐的性情相结合,造成的破坏性后果将是惊人的。

柯勒律治将政治上的乌托邦主义者分为两派。一是卢梭、潘恩和卡特赖特(Cartwright)等作家的民主派追随者,另一派是重农主义者——启蒙的专政政权的法国信徒。这两派的根本分歧集中于如下问题,即谁是纯粹理性值得信赖的代言人。卢梭认为,理性的声音是由人民发出的。重农主义者则认为,理性来源于明智的君主,这位君主受过良好教育,拥有自己的顾问委员会。尽管重农主义者支持君主制,卢梭是民主派,但柯勒律治相信,二者看待政治学的方式如出一辙,都将政治学建立在从纯粹理性的悬设中理

---

① 柯勒律治,《朋友》,《全集》,前揭,第2卷,页165。

性推论出的抽象概念之上。两者都着迷于抽象理想的简单明了,回避生活的复杂性,而遁入抽象政治学的天真虚幻世界之中。

柯勒律治十分关注卢梭。[65]对他来说,卢梭将全部政治体系建立在"所有人共有的权利——自由之上,并且处在道德必然性的控制之下,后者是所有人共同承担的义务"。① 柯勒律治赞同所有人都享有自由之权利,也有承担相应义务之责任,但他反对卢梭随后的推论:在宣告普遍意志时,所有人都应平等地享有至高无上之权力。

首先,柯勒律治不认为人民——作为整体——能理解、遵循理智的普遍意志。卢梭的普遍意志并非某一特定个体之声音的表达,而是单纯的理性法则,因此,柯勒律治论述说:"犹如腹语者的声音,……无需关注发出这种声音的嘴唇"(同上,页178)。要想假设这一种政治理论,也就是取决于由所有人民的立法会议发出的理性声音的政治理论,那就不能将这一体系建立在"理性的可证实的推理之上",而是要基于"一种可能性,根据此种可能性来衡量其他可能性"(同上)。卢梭自身也意识到了一致性的缺乏,因此,他对"全体意志"和"普遍意志"做了区分。柯勒律治观察到:

> 《社会契约论》中说的至高无上的意志,与普遍的立法权息息相关,不适用于任何个体,或者任何人组成的社会或团体,更不适用于组成人类的混合群体(mixed multitude):而完全并且只适用于理性本身,的确,理性潜在地栖居于每个人心中,但在现实中,真正纯粹的理性无法在某一个体身上或在人类的任何机构中找到。这一区分已被卢梭后来的信徒们彻底抛弃——更让人伤感的是——法国那些选出来的立法者们也

---

① 柯勒律治,《朋友》,《全集》,前揭,第2卷,页165。

完全忘记了这一点。他们如鹦鹉学舌般不停高谈阔论普遍意志——人们那不可剥夺的至高无上的权力：在这些响亮语句的引导下，那些自负的、无知的、被迷惑的平民怀揣着疯狂的期望走向极端，这[66]也使他们陷入到苦涩的绝望之中，也为军事独裁、为雅各宾派统治下的邪恶的恐怖政府、为科西嘉人统治下的恐怖铺就了道路。①

柯勒律治不仅不赞成人民的意志是纯粹理性的最可靠表达，而且也否认纯粹理性和道德同政治之间存在相关性。他指责卢梭试图将国家变成教会，试图模糊政治审慎和宗教道德之间的界限。道德关注的不是结果，而是意图。每个人都可以根据黄金规则的理智之光来审判自己的动机：

> 当我们走出自我，不只谈论代理人的动机是好是坏，而且谈论行为的结果，那么当然需要经验，需要利用经验的判断力和其他因人而异的思维品质，这些都是由本性和教育决定的。（同上，页148）

柯勒律治认为，在政治生活中，仅仅做一个好人是不够的，还必须拥有智慧。政治智慧并不主要是从纯粹理性中获得的，而是通过知性来获得的：

> 虽然所有人都平等地拥有理性，但运用理性的方式和理性运用于其上的材料——也就是说，事实和概念——不同的人在不同程度上不尽相同，因此，其现实的结果也不同——卢梭哲学的整个根基将以虚无主义终结。（同上，页148）

---

① 柯勒律治，《朋友》，《全集》，前揭，第2卷，页179。

这便是柯勒律治对卢梭的反驳,他认为,政治事务涉及的是审慎,而非纯粹的逻辑,涉及是知性,而非理性,因此,柯勒律治最终主张说:

> 理性应该是我们的向导和统帅,这是不可辩驳的真理,是判断是非对错的基础[67]:因为理性是人类道德本性产生的和存续的两个根源之一。只有从理性出发,才能获得我们的知性将要运用的原则,才能获得我们通过知性试图接近的理想。但这并不能证明理性本身可以单独统领和指导人类,不管是国家还是个人。它不应该这样做,因为它没有这种能力。(同上,页184)

只要思考一下政府的主要担忧和目的,纯粹理性的不足便会一览无遗。柯勒律治认为政府之所以产生,主要是为了保护一些与纯粹理性毫无关系的制度,主要是财产方面的制度。尽管国家的领域可以延伸到道德和理智的领域,但其对财产法的保护仍然是其最初的也是最为持久的任务。然而,

> 从纯粹理性中推出财产权是不可能的⋯⋯我们将天使和光辉的精神视为纯粹理性的存在者:有谁思考过天堂中的财产呢?⋯⋯
>
> 卢梭自己也坦承,财产无法从理性和自然法中推出来⋯⋯他的体系⋯⋯[是]类似于几何学⋯⋯几何学提出一种自然界无法完全实现的理想,因为它本身就是自然界;因为身体不只是外延,只有数学定理才能完全和空间的纯粹的外延完全一致。同样地,理智世界的道德法则,由于是从单纯的理智方面推出的,这些法则永远完美地适用于我们复杂敏感的本性,因为人不只是理性;因为理性不能单独行动,要想变

成现实、变成意识和经验的对象,它还必须披上个体知性和独特本能的外衣。(同上,页 185-186)

[68]结果:

  基于经验和特殊环境的权宜……[便是]所有立法活动的准则和立法权的基础,当然,这些权宜在不同国家中,甚至在同一国家的不同阶段都不同。卢梭的普遍原则,就其作为原则,并且是普遍的原则而言,必定假设只有在纯粹几何学中才能找得到的完美的、整齐划一的主体,而在我看来,只有在天堂的现实中才能找到这样的主体,在血肉之躯中永远不可能找到。(同上,页 187)

在这里,柯勒律治的一般哲学和其政治理论之间的关系再明显不过了。柯勒律治指责卢梭将人置于一个整齐划一的、具有普遍性的理性世界中,忽略了所有的创造,包括人类自身,都是普遍性和特殊性的结合,理性和非理性的结合。在柯勒律治看来,民族和人类永远不可能由一致的、一成不变的安排所支配,后者是建立在纯粹理性和道德的永恒不变的法则基础上的。国家不是教会。政治是可能性的艺术,有关它的研究,正如其他研究一样,需要正确的方法。

这的确证明了柯勒律治的一个关键判断,这就是,他觉察出,尽管他不赞同卢梭的一些具体计划,但在很多方面他和卢梭的政治哲学十分接近。卢梭的理论可以证实,柯勒律治曾经希望的很多东西都是真实的,如果根据柯勒律治对卢梭的阐释来看,情况更是如此。对这位在心中和自然中寻求上帝的年轻诗人来说,对具有原初想象的柯勒律治来说,上帝寓居于尚未堕落的大众之中的命题并非是无知的和荒诞的。及至年长,他和这个世界都变得更加睿智了。但成熟时期的柯勒律治失去的,不仅是乐观主义的政治态度。他在万物中看到的神圣目的这一自发的和天生的图景也随之消失。他情绪低落、精神空虚。在痛苦的孤独中,他想通过受过规训的哲学认识的洞见去完成一个艰巨任务,这就是重新获得这一图景。[69]不可避免地,他开始强调需要一个活跃并且受到规训的思维塑造、完善和运用直观的最初真理。他变成了具有次级想象的柯勒律治,变成了主张贵族政治而非民主统治的柯勒律治。同样地,柯勒律治认为卢梭也宣告了一个高贵而仁慈的幻象。人类并非天使,地球不是天堂,这多么遗憾!

然而,这与柯勒律治对待本国反动保守主义的态度并无矛盾。没有人比柯勒律治更热爱和理解英国传统宪政主义。但他的热爱使他更抵触当时的政府。因为他认为,传统英格兰的最大威胁不一定来自她公开的敌人——革命派,而来自她那愚蠢的护卫者——托利党反动派。他感觉到,如果要将英国保守主义从其外国公敌那里挽救出来,必须先把她从国内的朋友们及其卑鄙的理论中挽救出来。

首先,柯勒律治对当时的托利党领导者们并无好感。在他表达对法国的憎恨很长一段时间之后,他仍然言辞犀利地表达对托利党首相皮特和爱丁顿(Addington)的批评。他在新闻报道方面取得的最大胜利是1800年3月19日发表在《晨间邮报》上的一篇文章,在这篇文章中,柯勒律治对皮特的性格进行了鞭辟入里的分析。他称皮特是一个僵化的儿童奇才:"其父亲的地位、纲领、政治关系和父母的期望是他的模子——与其说他是长大的,不如说他是被塑造出来的。"①柯勒律治写道:他生活的世界并非人类世界,而是一个由冰冷的、苍白的词语搭建的私人世界。他早年便接

---

① 莎拉·柯勒律治(Sara Coleridge),《柯勒律治论他的时代》(*Coleridge's Essays on His Own Times*, London, 1850),第2卷,页320。

受在贵宾面前慷慨陈词的训练,他的教育总是围绕着如何管理词汇,而从未试图理解事物的本性。因此,他无法洞察人类事件中的那股温暖激荡的暗流。然而,"虽然词语的教育扼杀天才,却常常创造和培育才华"。① 年轻的皮特在处理抽象问题时的确能言善辩、才华横溢。他的这一才能、他的人脉关系和历史上的一些偶发事件,这些因素交织在一起,[70]使他在 25 岁时便成为这个国家的领导人。柯勒律治问道:他到底是一个什么样的人呢?

——一株在暖房中种植的植物,温度计调节着周围的空气;自然光只有穿透玻璃和覆盖物之后才能照射到它;享受着太阳,连一丝微风都没有;更没有风暴的肆虐、骤雨的拍打,只有天堂雨露的滋养!——丝毫感觉不到人类与自然的联系,没有自发的冲动,没有进行立场公正、系统的学习,未接触过真正的科学,没有什么构成他理智上的个性,也没有什么教导他人类的兄弟之情!这就是他———一个不明了精神本性的人,千百万人的生活和幸福就取决于这样一个人的智慧和博爱。②

对于爱丁顿,柯勒律治表达了同样的轻蔑:

我们已经含蓄地表达了我们对爱丁顿先生才能的看法。他连平庸都算不上。

皮特先生用他的巧舌如簧迷惑他的观众,而爱丁顿使用的是他的混乱。一个善于诡辩,让人们难以捉摸;另一个用他的含糊其辞使人们如坠五里云雾,还没设想好的东西,永远不

---

① 莎拉・柯勒律治(Sara Coleridge),《柯勒律治论他的时代》(*Coleridge's Essays on His Own Times*, London, 1850),第 2 卷,页 321。
② 同上,页 323。

第四章 人性和政治理论

可能清晰地表达出来。在他身上,完全看不到辩论的机敏、广博而灵活的思维、坚强的意志、创新的思想或丰富的想象。他鼠目寸光,只盯着近在咫尺的地方,因此,在处理复杂情况时,如果他的论述没有前后矛盾,那也是纯属巧合。他很容易陷入混乱,不必期待他有任何号召力。他既不懂弥补错误,也不会掩护撤退。而一旦失败,便会一败涂地。他的能力从未在任何一个政治场合中[71]变成现实,他的每一个行动都更加证明了上述评论。①

几年后,柯勒律治在《朋友》中反思了革命时期英国保守主义的罪恶。在他看来,其罪恶主要在于言论和行动方面都歇斯底里地依赖暴力。他们成功地将自己陷于"财产的恐慌"之中,在自编自导的狂暴中,他们深信周围到处都是邪恶的阴谋,这个国家革命的时机已到。他们这样做,等于抛弃了所有的先天优势。他们放弃所有传统宪政,支持英国一直竭力抵制的内政专政主义。他们和革命派一样,无情地践踏法律、权利和传统,因此,他们成为了稳定的敌人。他们既不努力争取对手思想的转变,也不欢迎思想转变的对手。他们深深地被恐惧攫取,只有当粗暴地展示出强制力时,他们才感觉心满意足。

柯勒律治认为,托利党人之所以偏好令人讨厌的强制政策,原因在于他们看待人性和政治的方式和乌托邦人士们的方式一样,都错得离谱,相比而言,他们的方式比乌托邦人士们的方式更令人厌恶。乌托邦人士将人类视为理性指引下的生物,托利党人则将人类视为"感觉"支配的生物。对卢梭来说,人类是天使,而对反动派人士来说,人类与野兽并无二致。两种观点既片面又荒谬。

---

① 《晨间邮报》,1802年3月22日,柯尔默在《柯勒律治,社会评论家》(前揭,页216-217)进行了转载。

二者都没捕捉到人类的本质———一种被赋予了"知性"的生物,必须靠知性来调节人类复杂本性的各个不同方面的需求。

在柯勒律治看来,霍布斯是这种理论家的典型,他过于强调人类心理的一个因素——感觉,因此得出了如下结论,即认为强制是政治体制唯一实质性的、并且不可或缺的组成部分。在柯勒律治看来,霍布斯对人性的看法将人类贬低为狡猾自私的禽兽,对物质的渴望深不见底。相应地,霍布斯提出,[72]只有运用强制力将唯一的意志强加给人民,迫使他们接受特定的政治秩序,人类社会才能获得和平。暴力是国家的基础。柯勒律治称这一理论是荒唐的,"他的论述本身就是对他的反驳"。①

当然,不论哲学、伦理学,还是心理学,几乎每一种观点,柯勒律治都和霍布斯意见相左。在柯勒律治看来,卢梭将国家建立在人类通过理性可以获得的普遍伦理学准则基础之上,而霍布斯则认为,除自我保护的本能外,人类没有共同的准则。卢梭寓居于和谐的普遍性中,霍布斯则生活在一个由彼此竞争的特殊性构成的无序世界之中。正如柯勒律治总结的那样,霍布斯实际上否认理性的存在。人类具备理智计算能力——知性,它的目标不是由半神圣的理性而是由动物般的感觉提供的。无疑,霍布斯的如下结论是正确的:如果他有关人类的观点正确,那么人类秩序的基础便只是暴力,因为感觉是贪得无厌的,它必然导致混战。

柯勒律治并未从哲学层面上对霍布斯进行驳斥,而是针对霍布斯心理学的经验主义方面存在的不足提出批评。如果人类如霍布斯所说的那样,那么任何类型的政府都将是不可能的。霍布斯不仅十分龌龊,而且不切实际。人类不可能单单屈服于恐惧:

> 历史告诉我们,经验告诉我们,我们的心灵告诉我们,恐

---

① 柯勒律治,《朋友》,《全集》,前揭,第2卷,页154。

惧不可能产生任何规则的、连续的、可预见的后果,即使对个人来说也是如此;并且对心灵产生系统影响的恐惧总是会预设一种义务感作为它的原因。①

霍布斯认为,缺乏刀剑支持的法律不过是一些羊皮纸文稿。如果一个人忠实于自己内心所给的答案,并且不因为他对他人心灵的揣测而改变答案,那么,这个诚实的人便会明白这的确是真的。但如果这是真的,那么[73]合理的答案应该是这样的——如果没有法律,刀剑不过是一块废铁。(同上,页160)

简言之,霍布斯有关人性的观点很显然不足以解释政治行为的现实。人类的道德本能、责任感和忠诚感是社会不可或缺的部分。政治理论是为人类创造的,不是为野兽创造的。的确,政府偶然也需要使用武力制止不法行为,但柯勒律治问道,如果这种力量不源于那些忠诚市民的忠贞感,又来自哪里呢?法国革命的教训清楚地告诉我们,没有民众支持的军事力量最终会消散。正如休谟所说,一个政权的权威和权力必须要从它在臣民中间激发的忠诚中获得。对柯勒律治来说,霍布斯用强制力来定义国家,不能解释政治的效忠感。如同卢梭和柏克,柯勒律治开始用一种全新的思路定义国家。他不认为国家是用强制力统治臣民的政府,而是所有市民的伙伴关系,是每个市民之间和所有市民之间心照不宣的社会契约。

柯勒律治针对霍布斯的评论十分粗略。实际上,霍布斯并不认为武力是国家的唯一基础。但与其说柯勒律治反对霍布斯,不如说他反对的是将国家定义为强制力这一法律传统。这一传统源于奥古斯丁,霍布斯对它进行了重新表达,19世纪的法学家如边

---

① 柯勒律治,《朋友》,《全集》,前揭,第2卷,页155。

沁、奥斯丁又延续了这一传统。他们将政府视为一个统治者团队，一个在社会内部负有维护法律和秩序的特殊功能的团体。这一团体与社会的其他人相比，不同之处在于它拥有至高无上的权力——被定义为制定规则的终极权威——并且，只有当它拥有对强制力的垄断时，才可以说它拥有这种"至高无上的"权威。对强制力的垄断是定义国家的关键。当这种垄断消失，如中世纪某些时期，就可以说国家根本不存在。在这种传统中，如果存在社会契约，那么它就是政府和臣民之间的契约，臣民据此同意服从至高无上的权威，以得到和平。

[74]对柯勒律治来说，这一思考政治问题的思路是无用的，说得重些，它是危险的。之所以说它危险，是因为它强化了愚蠢的托利党人对实行高压政策的偏好。说它无用，是因为它无助于人类理解造就长久政治忠诚的因素。在法国革命时期，随着各阶层在政治上的崛起，达成共识便成为当时最大的政治实践和理论难题。如果保守主义想保持传统秩序中的精华，就必须寻找途径，聚拢社会动荡因素中间已失落的忠诚。古老政体的衰落、法国革命和拿破仑的余波都似乎证明霍布斯的论断是错误的，仅靠强制力不可能达成共识。

什么能够达成共识呢？如同卢梭那样，柯勒律治注重分析保持政治忠诚和合法性的因素。和卢梭一样，他开始转向另一种定义国家的传统，也就是"观念论"传统，它发源于柏拉图和亚里士多德，对中世纪的作家们影响强烈，由卢梭带入现代社会，黑格尔和英国的观念论者又对它进行了详尽阐述。这一传统强调合作而非强制。国家不是社会中由统治者构成的特殊群体，而是被视为与整个社会相一致的团体。市民们互相约定形成一个政体——一个由个人组成的道德集体，这一集体如同个体，具有共同的意志，对成员中的每个人都有约束力。在前一传统中，国家的本质特点是用强制力约束不法之徒，而在后一传统中，国家的本质特征是维持忠诚的约束力,使人们团结合作。我们不难理解为什么后者——观念论的传统对柯勒律治更有吸引力,而且更实用。

当代对于国家理论最突出的贡献是在心理学领域作出的。19世纪以来,心理学对自我和群体关系的探索的深度和想象力可以说无与伦比。当然,这一发展的起步归功于浪漫主义。他们对于情感的兴趣使有关人类思想的研究从霍布斯和洛克的狭窄机械论心理学中解放出来。如此政治学[75]才能进而构建一种有关共识的更为充分的心理学,从而形成更加丰富的国家理论。

作为诗人和评论家,柯勒律治跻身于思想界最伟大的浪漫主义学者之列。他在心理学方面的洞见在他整个国家及宪政的理论中得到了淋漓尽致的体现。与他的其他作品相比,他的笔记更加充分地阐述了他那前卫的心理学思考与其政治理论之间的关系。它们在无意之间清晰地展示了其国家理论的心理学视角,并且也展示了,柯勒律治早已预见到英国半个世纪之后才形成的政治身份心理学。当柯勒律治从批评片面观点最终转向创建自身宏伟的国家理论时,他有关身份的心理学观念以及他对理性和知性的哲学区分都展现了这一理论。二者相互结合,就形成了有关英国宪政的综合而又详尽的分析。

第五章　国家的灵魂学基础

[76]柯勒律治关于国家的著作《论教会与国家的宪法——基于二者的理念》(*The Constitution of Church and State According to the Idea of Each*)直到他晚年才出版。这是柯勒律治最重要的政治学著作，书名中最重要的词便是"理念"，他用理念将三个不同但相互联系的原则联系在一起，展现了他的整个国家观：

1. 国家的本质是心理学层面的；国家首先作为公民们灵魂中的理念而存在。
2. 国家的制度性结构或"宪法"反映了这一宪法的理念，在公民的灵魂中代代相传。
3. 宪法的理念是源于人性的理想的、普遍性的宪法在独特的民族传统中的具体体现。

前两个原则是经验性的、分析性的概念，是从柯勒律治对政治心理学和英国史的研究中得出来的。第三个实质上是哲学层面的定义，反映着他的基本宇宙观，即宇宙是动态而有序的，受科学和伦理学法则的支配。因此柯勒律治的理念包含着心理学、历史学和哲学元素。出于分析的目的，我们分别来讨论这三个维度。但不要忘记,它们归根结底是相互补充的,只有铭记它们之间的整体关系,才能正确理解柯勒律治的国家理论。

[77]柯勒律治首先对国家一词的两种正当用法进行了区分。他的区分与界定政治共同体的两种传统方式并行。在他看来,国家一词可以指现实中管理国家的政治制度——议会中的国王。或者也可以指整个民族共同体——所有公民的伙伴关系和一切国家制度,包括柯勒律治所说的国家教会。第一种意义上的国家是第二种意义上的国家的构成要素。《教会与国家》想要为宽泛意义上的国家概念进行定义。柯勒律治试图用一句话来概括他的全部观点,这就是:国家是"一个政治体,其内部有其自身统一之原则"。① 在此,高度概括并没有使意思更明晰。"其内部有其自身统一之原则"到底意味着什么? 也许,柯勒律治想要表达的是这几层含义:首先,"其内部"意味着,一个国家作为一种联合必须是自足的,并且是"至高无上的",即它的存在不直接取决于其他任何共同体;第二,柯勒律治与洛克看法一致,国家虽然是由无数个人组成的,但必须能形成一个单一意志,并因此才能作为一个单一的机构行动,否则,国家就会因为缺乏一个"统一之原则"而分崩离析。

那么,是什么将这个团体凝聚起来,并赋予其统一之原则呢? 这种共识的实质是什么? 它又是建立在什么基础之上? 是什么在维持它? 首先,这些都是心理学层面的问题。可以说,《教会与国家》反映了柯勒律治先进的心理学理论,但在该书中,并没有明确阐述这一理论。在柯勒律治未曾出版的笔记中,对国家的心理学概念做了清晰的阐述。

国家,从本质上讲,并非一块领土或一套统治制度,而是忠诚的公民之间结成的伙伴关系。人之所以成为国家的公民,是因为

---

① 柯勒律治,《教会与国家》,《全集》,前揭,第6卷,页37。

他们分享共同的忠诚和身份——他们所属联合的共同理念。严格来说,理念本身即国家:"国家只存在于理念中。理念是国家的现实,是的,就是国家"(柯勒律治,《笔记》44, fol. 64r)。人类在这一理念的激励下,形成一个政治民族:"国家是民族无形的灵魂,但却并非无躯体的存在(灵魂的统一和整合[anima unifica et integrans])——[78]一代又一代的个体公民组成它的躯体,构成了它最细小的纤维,但同所有躯体一样,只有在其部分永久持续的变化中才能存在下去"(《笔记》44, fol. 64v)。国家是存在于其公民的思想中的概念——一种共同分享的理念,犹如一块磁体,使组成国家的相互独立的个体成分获得内在统一性,使公民组成的躯体获得自成体系的统一性或整体性,犹如一个独立的有机整体。国家是人所构成的特定的机体所拥有的理念,或者说,国家拥有一个由人所构成的机体。因为拥有同样的理念,群体才成为一个政治国家——这是国家理念的客观体现。

尽管柯勒律治的语言晦涩难懂,但他试图表达的国家在本质上是一种心理学意义上的理念这一观点却没有什么特别的地方。针对任何群体都可以说这样的话——或者说更适用于任何具有自我意识的群体——在那里,成员们意识到自身是一个群体。这个群体的本质就是其成员共同拥有的理念,甚至那些成员之外的人也可能拥有这种理念。构成这个群体的实际上就是这个理念。这一群体可能会发展出客观的制度。尽管群体也可能完全是非正式的,没有任何制度,但群体不可能没有理念而存在。说有群体没有理念而能够有自我意识,这是同义反复。那么,为何不承认柯勒律治的"观念论"主张,即认为群体的实质是共同分享的理念呢?不理解国家在本质上是心理学意义上的,就会导致将时间浪费在寻找完全决定民族性的客观标准上。实际上,这种标准根本就不存在。

如果国家是一个理念,理念又从何而来——或者更重要的是,是什么使个体守护这一理念?当然,政治理论家找到了无数能将国家根植于个体公民灵魂中的因素。传统上认为,公民保持对于国家的忠贞是出于经济上和道德上的原因。现代学者倾向于补充心理学方面的诱因。休谟和塔列朗(Talleyrand)认为忠贞是出于习惯。卢梭强调仪式的重要性,并且在朝向政治身份的心理学方面迈出了试探性和不确定的一小步。

柯勒律治综合运用了上述洞见。他把共识视为复杂因素共同作用的结果,而非[79]单一因素的产物。他同意洛克的观点,认为国家的首要基础是经济方面——人类保卫和增加自己财产的渴望。"人们把自己纳入国家,首要目标是保护自己的财产,而非性命"(柯勒律治,《朋友》,《全集》,前揭,第2卷,页184-185)。另一方面,他也赞成卢梭的观点,认为财产本身不是这种共识的充分条件。首先,人类的志向是超出物质方面的富足的。人类也在群体中寻求理智、道德和心理上的满足。而且财产本身是社会分歧的主要原因。柯勒律治也赞同,阶级战争会摧毁自由,除非它能动员人民效忠共同福祉,此种效忠会最终超越特定的忠诚和利益。并且,如同卢梭一样,柯勒律治也看到了教育和仪式的重要性,认为它们是激励和培育忠贞感的主要方式。

柯勒律治也运用了同时代民族主义者的另一观点:"想成为人,必须首先是爱国者。"(同上,页269)不属于任何国家的人不是完整的人。如同赫尔德那样,柯勒律治相信,不管是普通人,还是艺术家抑或哲学家,公民身份都不可或缺。民族国家的独立对民族文化的艺术和哲学创造力的影响不可估量。柏拉图、牛顿、路德以及其他才华相当之人,这些人类最伟大的天才,虽然他们的成就属于全人类,但他们又是"由人类情感定义的圈子"的产物,"……在这里,人的权力和利益在共同的领域中传播,不引起任何困惑。……在此,也只有在此,我们才可以信心十足地期待那些伟大的思想瓜熟蒂落,声名远播到其他国家"(柯勒律治,《朋友》,前揭,页266—267)。

柯勒律治相信,最为灿烂辉煌的文化也会随国家独立的丧失而衰落。希腊文化便是最著名的例子:

> 尽管他们都是热烈的爱国者,但他们是全人类的恩人,是后来[80]征服他们、奴役他们的国家的立法者。因此,当他们成为纯粹的世界公民,没有偏激的感情干扰他们的博爱,并且当他们保持自己的国家、语言和艺术时,有什么伟大的作品、惊人的发现不能从他们身上期待呢?如果一个小城邦——一个不比约克郡大多少的首屈一指的小镇——的喝彩,和伯里克利的激励,产生了菲狄亚斯(Phidias)、索福克勒斯(Sophocles)以及其他名声上毫不逊色的耀眼明星,那不是具有世界效果的喝彩么?那不是世界帝国之大师的宽厚仁慈么?呜呼!没有菲狄亚斯出现,也没有索福克勒斯诞生;随着国家的独立,天才归于消失,最好的成就不过是对父辈在辉煌荣耀时代创造的思想或成果的僵化的复制抄袭,最终剩下的不过是邪恶狡猾的奴隶,他们贬低、摧毁征服者,为自己的堕落和毁灭复仇;而他们那神圣语言的金色竖琴仍然存在,但却变成了牧师和僧侣编制诡辩和迷信之网的边框!(同上,页269)

亚里士多德宣称人是政治动物,他试图传达的观点和现代文化民族主义者的观点是一样的。但对现代人来说,仍然需要一种心理学来解释自我和国家的必然关系。柯勒律治在《笔记》中勾画了这一理论的轮廓。他详尽地思考了一种趋势,这就是个人终究会将自身的个性和民族的个性等同起来:

> 臣民崇敬地跪拜在国家统一的象征和众所周知的代表,

也就是那个合法的国王面前，与此同时，也在国家的象征中……成功地[识别出]了一个图像——也就是他的独特自我(?)，从而变成了国王——而真正的国王在内心接受这一崇敬的同时，也在做同样的事情，并且在自身的灵魂中重复地这样做，作为对伟大理念的崇敬，[81]天意使他成为了这个理念的外在世界，成为了这个理念的物质上的支持者。(《笔记》55, fol. 9r 和 9v)

这一共同分享的身份就是存在于皇家用语中"我们"(We)和"陛下"(Majesty)背后的东西。因此，皇家用语中的"我们"只有在基于赞同、而不是基于武力的自由国度中才能得到正当的使用。用复数形式指代单数，暗示出统治者自身并非国家，而只是自由人联合的外在体现。这一用语当然不适用于东方君主，如果有人胆敢认为君主作为统治者，不过是他可怜臣民的最高概括(highest summary)，而非一位与众不同的人物，那么无疑，此人将人头不保。

柯勒律治进一步设想国王的角色。他指出，在共和体制和君主制中，有一个根深蒂固的趋势，这就是个人成为整个国家的象征。柯勒律治在普通公民的心理中找到了对这个现象的解释。公民在某种程度上不得不牺牲自己的个体身份，而承担起一个在国家中的更大身份，但他"渴望并试图寻找他明智个性的重现"——当然，现在"不再作为他的个性，而是全体的个性"(《笔记》44, fol. 64v)。这一"全体"指的是全体公民之整体，也就是国家。但国家是一个相当抽象的理念，因此它往往具有普遍性，而不是个性化的。去爱那种高度概括的抽象概念或与这样的概念保持一致是困难的事。"这个问题在象征一词中得到了解决——即普遍性的个体代表。"因此，"尽管我们在理念中，也就是在国家中沉思我们的完整性，我们也试图在象征中——也就是在国家的主权中保持我们的个性"(《笔记》44, fol. 66r)。因此,柯勒律治得出结论,没有国家元首的共和国是非自然的统治形式。

但为何普通公民急切地需要为自己失落的个性寻找一个象征呢?为何他的自我"不再是他的,……而是全体的呢?"柯勒律治总结说,原因在于,只有通过参与到诸如国家这样的群体中,个体才不仅履行了道德责任,也获得了自身的个体身份。人的身份不能被给予,而是通过[82]扮演某种角色、将自己置于同其他人或物之间关系中才能获得。

在柯勒律治早期的一则重要的笔记中,开头就是一个对人类个性的呼语(apostrophe):

> 人类之个性,多么神奇!没有人只是一个人,而每头老虎不过是老虎,不过是数值上的差异,——但人具备这些官能,这些倾向,这一独特的性格——他的愿望、希望、行动、时运。(《笔记》3½, fol. 128r)

但几页之后,他的思想发生了转变:

> 用我们自己的官能和冲动,能够想象自己和同伴的存在吗,周围环绕着难以分辨的混乱。……我们知道彼此的存在,……另一方面[e econtra],我们的沟通在于交互的知识,在于在你中产生一个我。(《笔记》3½, fol. 143v)

我们刚刚引用的那个部分是以这样的话结尾的:

> [个人的本性]似乎是受外在的自然制约和规定的,自然包含他的本性——个体的显现[Homo Phainomenon]看起来取决于他在婴儿、孩提和青年时期的周围环境——之后取决于国家

第五章　国家的灵魂学基础　　　　　　　　　　*83*

这一更大的环境,在这里,他作为公民获得新生……他似乎是受影响、被决定、被塑造的,才成为他现在这个样子的,qualis sit[应该,可能]——是受普遍的自然制约的和物化的(bethinged),才有它的各组成部分以及彼此之间的关系。他不可能游离于这一樊篱之外。(《笔记》3½,fol. 128r 和 128v)

但这些"外部事物"不是他的自我的一部分吗？如果自我的概念和塑造它的特殊性分离,它就会变成空无一物的抽象:

他越是对这个事实冥思苦想,越是深入思考这种运行方式,就越是明白,这些影响的共同作用,[83]不仅是表面现象,也不是偶然现象,而毋宁是,这一必然性就是他自己,没有它,或者与它分离,他的存在连一个想法都算不上,它的各个方向,它那迷宫般的层次,都属于他的存在,从他的本质发展而来。从这些中抽象出来后还剩下什么呢？在所有它代表的概念、提示和经验背后,一个一般术语消失了——这就是理念的存在[Ens logicum]。(《笔记》3½,fol. 129r)

在接近生命的终点时,柯勒律治写道:

真正的哲学告诉我们,自我自在自为地是一个幻影……因为它能通过从民族的反思出发获得真正的实体。通过向外围辐射,它试图变成真正的实体;并且通过反思,从外围中反思自身,它真的就变成了真正的实体——如果没有阻挡或回归的边界,它会在模糊的空间中迷失[?],并将永远只是朝着存在、也就是一种即纯粹自我而努力。(《笔记》55,fol. 10r)

柯勒律治不仅在他对抽象的个人主义——自我打算远离使它

物化的那些因素进行沉思——的反对中，而且在他对世界主义的厌恶中，都展示了一种典型的浪漫主义对抽象普遍性的怀疑。不仅"自我"是一个空洞的抽象，"人类"也是如此。对公民的想象来说，民族是某种真实的东西。它是独特的，拥有属于自己的特定个性。在它与其他民族之间的关系中，它成为了独特的另一方面[e econtra]。但与民族性不同，人类是太抽象了，难以为想象所捕捉，并且对广大人们来说，这一理想太空虚了，很难去热爱它。对世界主义的博爱主义冲动会自相矛盾地导致分裂的、自私的个人主义。让普通人热爱全人类，而不是热爱自己的民族，实际上是在教他只爱他自己："我反对现代政治经济学的原则，它必然贬低人类、使人类丧失民族性——从真实的自我走向全体，而全体不过是一个抽象概念，一个无限空间"（《笔记》55, fol. 9v 和 10r）。

[84]对柯勒律治来说，世界主义者像是天主教，试图用新的国家替代已经存在的国家，或者说分有

> 一种冷酷的伪善，假装[？]爱所有人，以代替或弥补[？]对他的爱。他不爱任何人——因此他爱所有人。如果说他爱的是字母：ALL，或者所有人这个词的发音，可能会更为实质性一点。因为这些是有具体所指的，而所有人不过是个抽象术语。（《笔记》55, fol. 10v）

尽管柯勒律治对自我和政治身份的零散性讨论显示出他已预测到几十年后在英国出现的有关政治联合的心理学，但我们还需要谨慎地思考他和后来的心理学理论之间的内在联系。正如我们在前面注意到的，柯勒律治政治哲学的整体结构中吸收了他有关政治身份的观念，但他对这一主题的大部分明确论述局限于他的笔记中，因此，其论调不仅是试探性的和未完成的，也没有起抑制作用的制衡和警示，而这些东西在柯勒律治看来，必须要纳入到有

关其观点的正式的和完备性的论述之中。认为柯勒律治有关个人不可能脱离环境的零散表述中同样缺乏对个体主义的关注,也是不正确的,这种个体主义是最近那些建立在相同心理学基础上的政治理论的典型特征。对柯勒律治来说,个人既没有在道德上也没有在心理上与国家融为一体。自我可能会进行延伸,去把握那些其直接界限之外的事物。在能够意识到自身之前,它甚至需要在一个更为广阔的语境中扮演一种角色,但自我并不喜欢被强加角色。扩展身份的倾向往往与对外族入侵的强烈抵制相结合。

柯勒律治曾试图通过观察儿童以了解人性的基本特征,他总结说:

> 天真的孩童给我上的第一课便是:从自我中走出来,使自我以他者的形式存在,这是人性之本能。
>
> [85]第二课便是:不允许以任何形式来侵犯我,也不得以德国爱国主义理论者所说那种固定不变的理念作掩盖将我变成一个篡夺性的自我(usurping self)。(《笔记》47, fol. 20r 和 20v)

简言之,柯勒律治并非试图通过消解个人来解决个人和国家之间的紧张关系。我们也不应在研读柯勒律治零散的笔记时脱离语境,认为它们显示出柯勒律治在政治联合的本质特征方面所持的是均衡观点,这样做是不公平、也是不准确的。

我们当前的知识环境仍然弥漫着对极权主义的恐惧和憎恶,因此我们对于身份心理学运用到政治学中的固有危险无动于衷。在所有理论中,它似乎最容易遭到怪诞而恐怖的扭曲。另一方面,我们也不应该忽视这种心理学对于为现代宪政国家做充分的理论辩护来说是多么必要。古老的社团主义心理学(associationalist psychology)将国家奠基于自我利益之上,毫无疑问,对于宪政理论来说,这种理论已经破产。它要么导致倒退到霍布斯,要不就前进到马克思。它设想的共识要么是基于永久的专制力量,要么是基于一种利益的和谐,这种利益和谐仅仅在多样性在社会中泯灭后才能产生。19世纪的宪政主义者很难证明,由追求各自利益的多元阶层构成的社会,可以以某种方式达成一种自发性的总体和谐。宪政主义者需要展示的是,在此存在一种共同的忠诚和身份,它们如果能够得到合适的滋养,将会产生一种普遍的意志或者一种利益,在必要时,个人或团体愿意为此利益放弃更多的个人需求。通过明确个体既需要公共自我,也需要私人自我,就有可能令人信服地揭示出,国家如何可以保护多元性,并且能够使国家在合作、而非胁迫的基础上建立起来。

我们似乎很难反驳柯勒律治的基本理想主义主张,即认为任何共同体,只要它是建立在胁迫而非合作性赞同的基础上,这样的共同体就不可能是一个美好的社会。不管监狱管理得多么高效和人道,它永远也不是一个美好的社会。另一方面,赞同也不一定是德性的确切表示[86]。现代极权主义是邪恶的,不是因为它胁迫人成为野蛮之人,而是因为它强求,并且常常也获得了人们狂热的赞同。但是,认为极权主义在某种程度上是合作性的观念论传统之必然结果又是愚蠢的。如果没有对观念论义作家的深刻洞见,我们就会做这样的事,仅仅因为他们的某些观点一旦脱离语境,就会沦为奇怪的模仿。我们更加应该像柯勒律治那样更加敏感地意识到,共识对于任何并非受到单纯暴力统治的国家来说是本质性的,而共识本身又是非道德的(amoral)。它对一个美好的国家来说是必要的,但肯定不是充分的。公民们可能狼狈为奸,也可能共同扬善。对柯勒律治来说,极权主义国家是邪恶的,这不仅因为它强求公民对它的爱,也因为它利用这种爱使公民们沦为非人(inhuman)。一个合作性的国家是好是坏,取决于共识的内容。

没有人能指责柯勒律治不关心理念的内容,围绕着这些内容,共识得以在英格兰建立起来。除少数几个段落之外,他出版的有关国家的作品都是讨论理念的,理念在这里不是作为一个心理学意义上的概念,而是作为贯穿英国史之始终的特定信仰体系。对他来说,作为英格兰的理念,不是某种狭隘和模糊的对国家的忠诚,而是某种特定的持久宪政原则,这些原则在整体上成功地创造了一个美好社会,并且使这种状态保持了几个世纪。国家理念的这一内容,或者说"构造"(constitution),是柯勒律治关注的主要问题。

宪法常常被定义为有关权力、权利和义务的现实安排,借此,政治共同体得到治理,并且获得其内在一致性——它必不可少的统一性。具体来说,这是一种理解和实践的体系,借此英国社会的各组成部分得以和谐共存。从逻辑上讲,这种统一也可能是源于霍布斯所说的王国中一些单一和压倒性的力量。但在现实中,统一性通常情形下是持久的力量平衡的结果——在诸多方面类似于有机体各部分保持平衡的方式。这一持久的平衡组成了政治体的宪法。它是英国社会各个群体和机构之间习惯性的、[87]正式的或非正式的关系网络。

究竟是什么将柯勒律治的宪法与对某一时刻活跃力量之所在的简单估算区别开来?是什么使彼此竞争的力量之间的特殊平衡得以持久存在?柯勒律治的整个方法提供了答案。对他来说,宪法不仅是力量之间的特殊的和瞬间的平衡的快照。它更稳定,因为在它背后,是一种理念,这种理念根深蒂固地存在于英国人心中,并且,在柯勒律治看来,这一理念自民族的开启以来一直是推动英国政治发展的动力。

柯勒律治详尽地描述了这些理念如何影响政治行为。他指出,之所以认识不到它们的影响,主要是因为将它们仅仅视为"概念"(conceptions)。作为例证,他将概念和理念的著名区分运用到了社会契约的观念中。作为一个后天(a posteriori)形成的概念,社会契约毫无意义,休谟对此已经作了充分论证。没有历史证据表明人们曾经达成过一种实际上的契约性协议,并且即使他们达成过这种协议,也没有理由要求他们的子孙后代感到有道德上的义务去尊重一个仅仅是任意做出来的约定。

但是,柯勒律治阐述说,如果社会契约被视为一种表达公民和统治者之间关系的理念,那么它就可以表达出"在共和国和奴隶种植园之间……区别的基础"。① 社会契约作为理念不过是表达基于同意之政府这一观念的便捷方式。作为理念,社会契约本身是另一个更为根本的理念,也就是"不同于事物的人"(同上)这一理念在政治领域的延伸。羊被饲养和宰杀、羊毛被修剪、种植和砍伐树木——所有这些不过是实现我们目的的手段。"樵夫和农场雇工也是手段,但却是建立在同意基础上的,这是一种能够互惠互利的同意,在目的中既包括他们,也包括他们的雇主,因为他们都是人"(同上,页 33)。同样,政治权威[88]如果想在道德上具有有效性,也需要得到被统治者的同意。

这种意义上的理念是先天的(a priori),其有效性和力量并不取决于形式上的公布。理念根植于公众的思想中。法律、习俗和约定可以表达、或者至少可以反映这一理念。它们不能重新(de novo)创造它,尽管一些具体的表达方式可能会影响之后的发展。《独立宣言》没有创造了它内在的理念,但这一特定表达的确对随后的发展产生了巨大影响。

在政治领域中,理念的另一个特点是,它几乎不能表达为完整和清晰的命题,即使是那些受到理念深刻启示的人也是如此。柯勒律治的朋友们,也就是那些农场雇工和樵夫们不太可能阅读康德的作品,也不太可能理解他在哲学方面的各种区分。但柯勒律治却说,他们清楚地知道人和物的区别:

---

① 柯勒律治,《教会与国家》,《全集》,前揭,第 6 卷,页 32。

任何人只要在周六晚上的任何酒馆中,听过这些阶层的劳动者们边喝啤酒,边讨论工资水平的不公,并且认为这种不公部分是由于地区征收的平民救济税,便不会片刻怀疑这些人的内心完全被理念所占据。①

对柯勒律治来说,英国宪政,就如同社会契约,在本质上是一个理念。更具体地说,它是英国人所持有的一种观念,即认为健康的国家需要不同因素或群体之间的适当平衡——每一方都进行各自独特的活动,有着各自独特的需求,但如果想要保持健康,它们就必须服从于整体的优良。

尽管政治哲学家们可能会根据抽象的平衡来探讨宪政理想,但这些平衡必须通过特定时期和地点的独特制度才能达成。因此,任何现实的宪政在任何时候都并非尽善尽美。那么,宪政的理念就不是一个固定的安排,而是支配变革的原则。柯勒律治认为,在英格兰独特的制度形成的整个过程中,有关正当平衡(just balance)的观念一直激励着王国的臣民们:

　　我们自阿尔弗雷德开始以来的全部历史都表明,在我们祖先们作为公共人物的性格和作用的方面,在他们抗拒和主张的事物中,在他们所创立的制度以及政体的形式中,以及在与我们的祖先们多多少少成功地与之较量过的那些人相关的方面,这种理念,或者说终极目标,对我们祖先的心灵具有持久影响。(同上,页34-35)

柯勒律治指出,理念的影响是如此深远,以至于,即便最激进的人也很少将他们的要求描述为创新之举,而认为这些要求不过是对

---

① 柯勒律治,《教会与国家》,《全集》,前揭,第6卷,页33。

过去美好时光的回归,或者将其描述为宪政的真正精神。那些谋求变革的人,和他们的对手一样,也常常援引传统宪政。他们这样做也不一定是错的,尽管他们的历史学识十分可笑。如果那些告知其在过去获得发展的原则适应了目前的环境,或者进一步地走向它的逻辑结论的话,至少在无意中,他们不是诉诸宪政过去的状态,而是诉诸宪政的应然。这就是当柯勒律治谈到理念不是有关事物的某种观念时,他内心所想到的东西。在这里,有关事物的观念"不是从特定国家、特定形式或特定模式中(在这里,事物碰巧在某个时刻存在)抽象出来的,也不是从这些形式或者模式的任何数量或连续中概括出来的,而是通过有关其最终目标的知识给定的"。① 对此,我们应该补充的是,对柯勒律治来说,这里的事物的"最终目标"是在时间中得到把握的。

柯勒律治的许多评论家都将理念的完整观念视为不可理解的哲学空谈。但在这一有关宪政的理论中,并不必然有什么深奥的东西。事实上,如果没有像柯勒律治所说的理念的帮助,就很难从宪政史出发得到理解。例如,如果美国宪法被视为一种"概念",那么就很难避免如下结论,这就是认为如今的最高法院要么学术水平低下,要么对宪法不屑一顾。当然,法院[90]已经形成了新的信条,这些信条从严格的学术角度出发几乎很难做出合理的证明,不管是从最初的文本出发,还是从原初意图出发,甚至是从后来的判例出发都是如此。能够挽救法院的尊严和智慧的唯一论证就是,美国宪法在本质上是一个理念。同所有理念一样,它包含着那些必须根据特定环境重新解释的原则。并且,这个理念也包含着具有内在活力的各个要素——这种观念会导致一些结论,而这些结论进而又会导致另外的结论。最高法院是宪法理念的守护者——这一角色需要哲学、历史、政治以及法律方面的才能。

---

① 柯勒律治,《教会与国家》,《全集》,前揭,第 6 卷,页 30。

第五章　国家的灵魂学基础

至此,我们就从经验主义方面讨论了柯勒律治对于国家的定义。对他来说,国家在本质上是一个理念,这一理念由公民共同分享,对公民的身份有着本质性的意义。进一步来讲,理念有其内容。它意味着一种宪政———一种有关权利和权力的安排,在公民们看来,这一安排是其国家的严格意义上的特征。赋予理念以内容提出了两个重要问题,一个是实践方面的,一个是哲学方面的,两个问题都与伦理有关。何谓公民们的国家的理念或何谓严格意义上的宪法,要想所有公民在这些问题上分享相同的观念是不可能的。他们之间的差异肯定是巨大的,并且对他们来说,这些差异也是十分重要的。谁有决定权呢?谁是理念的合法守护者或代言人呢——国王、人民、教会还是司法机关呢?第一个问题不可避免地导致了第二个问题。在什么基础上决定谁的意见是对的呢?宪法的理念在何处能够找到它的基础呢?是在公共意见中,还是在习俗、文化、人性、自然法、神法之中?

在《教会与国家》中,柯勒律治对第一个问题做了直接讨论,而有关第二个问题,则不能只从他的个别表述中,而必须在其整个哲学体系中寻找答案。关于第一个问题,有一点显而易见,即理念不应该只是临时性的公众意见。我们已经注意到,柯勒律治和卢梭一样,在普遍意志和全体意志之间做了区分。对柯勒律治来说,民众的声音(vox populi)永远不可能是可靠的。它既可能是魔鬼之声(vox diabolic),也有可能是神的声音(vox dei)。理念是一个标准,根据它,可以衡量现行的一切意见、制度和要求。"只有根据它[91],才能判定哪些是赘生物、判定紊乱的症状和退化的标志;判定哪些是自然的生长,哪些是原初萌芽在积极发展过程中必然出现的改变。"①我们可以期待最高法院抛弃"非美国"的立法,即使这样做会违背人们的临时性意愿。

---

① 柯勒律治,《教会与国家》,《全集》,前揭,第 6 卷,页 35。

对柯勒律治来说,宪法的理念最终是从人性中产生的普遍物。他相信,正如人类有一种本质上恰当的性质或构造,政治体同样拥有一种恰当的宪法。英国宪法是国家的普遍理念在英格兰的具体体现。理念既有哲学和伦理学的维度,也有心理学和历史的维度。但根据柯勒律治的"方法",抽象地讨论政治上的普遍物(political universals)是徒劳的。只有当它们在一个有活力的政治有机体的具体制度中得到反映时,有关它们的研究才有收获。在现实世界中,普遍物是在特殊物中找到自己的表达的。当我们遵循正确的方法时,理性就会使知性得到启蒙,却不能替代知性。在《教会与国家》中,柯勒律治试图通过分析 1830 年英格兰的具体制度从而提议一种普遍的宪法,这一分析提供了方法在运用中的一个极好例子。

第六章　英国宪法的理念

[92]柯勒律治将英国宪法视为各种力量之间的持久平衡,这种平衡反映了几个世纪以来英国人信奉的理念或基本的政治原则。这一平衡,这一宪法的主导原则,在柯勒律治那里被称为衡平法(lex equilibrii)。他认为,有三对社会因素或倾向彼此必须做到相互之间的合理平衡,它们是"持久"和"进步"、"教会"与"国家"以及"活跃力量"和"潜在力量"。

第一对平衡,也就是持久和进步,在柯勒律治抨击法国革命和反动敌人时用到的一个理论公式中得到了表达。不幸的是,他的公式似乎遭到了误解,尤其是穆勒在《代议制政府》中表达的误解。柯勒律治通过"持久"表达的是社会中一切想要在既定的、系统的渠道中包容国家生活中各种能量的倾向。这是法律、制度甚至是习俗、习惯、礼拜仪式的轮流应答(responses)和情感扮演的角色。另一方面,"进步"(progression)并非如穆勒理解的进展(progress)或改善,而是指社会中的动荡因素——这些因素在现存的社会、政治和法律结构下还不能完全地得到理解。这些因素在寻找适合自身位置的过程中,即使不会带来进步,也会带来变革。柯勒律治阐述说,在任何优良社会中,这两种冲动之间必定存在持久的相互作用和恰当平衡。没有向前发展的活力,在物质福利上就没有活力、没有自由、没有改善。尽管制度总是[93]屈服于变革,但变革不能太快,否则社会便会陷入经济、政治、文化或道德的无政府状态。持久的倾向是社会捕捉和把握过去成就的手段——现实的成就不应成为轻率试验的牺牲品。

柯勒律治试图用历史上的实例展示这两种基本倾向失衡造成的后果。佛罗伦萨共和国本是天才和革新的极好温床,最终却走向末路,正是因为它不能将天赋之人纳入到一个持久的宪法秩序中。另一方面,威尼斯形成了一个非常僵化的结构,最终扼杀了所有生命力。

根据柯勒律治对当时英国社会的考察,持久性由土地大亨代表,进步则由商业阶层代表。很明显,持久和土地分不开。另一方面,商人、制造业者和职业阶层的财富是"个人的",并且主要依赖于他们的技术和声誉。希望守护财富和地位的人总是转向土地,并且在此过程中和以维持财富和地位作为自身主要利益的人结成联盟:

> 建立一个家庭,把财富转变成土地,这两个想法是一对孪生兄弟,当那些富裕的商人打算安顿下来时,这两个想法总是在心中同时产生。从成为政治新贵阶层开始,他们便通过把自己变成链条上的一环,使现在和过去联系起来,以便拿出成为持久性的证据,通过持久性的测试,从而救赎自己。长子继承权、世禄制以及它们在积累财富、消除个人愚行、恶习和不幸造就的对抗和分散力量方面的影响,都和这一原则有关。同样地,下等农民心中普遍存在的、顽固不化的偏见和反感,甚至对革新提供的益处的反感也指向这一原则。①

---

① 柯勒律治,《教会与国家》,《全集》,前揭,第6卷,页39。

[94]在英国的政治体制中,上议院代表着大的土地持有者的持久性利益,众议院则代表着商业和进步利益。绅士或小贵族在柯勒律治的分析中扮演着十分有趣的角色——在某些方面上类似于约翰·亚当斯(John Adams)的元老院。绅士是两大主要敌对势力之间的平衡因素,并且可以阻止正面冲突。他们是中等富裕的土地拥有者,在众议院中占据了相对稳定的少数席位。他们在下议院的作用便是和占据多数席位的多数派抗衡。然而,他们与商业利益在议会中的联系壮大了这些利益,这就促使他们和更大的土地阶层进行对抗。

在持久性和进步这两个对立力量之间,国王便是"天平的横杠"。他使这些对立但不矛盾的力量聚集在共同的忠诚之下,使它们统一起来。

如果这些对立力量之间想要保持适当的平衡,那么重要的是,政治代表机制能够提供这种平衡。柯勒律治认为,某些做法和状况将不可避免地导致在立法过程中持久和进步之间的失衡,并因此导致政治体的败坏,他提出了三种他认为非常糟糕的具体状况:

1. 将政治权力授予没有任何实质财产的人。拥有财产不能保证此人天赋异禀,但的确能表明此人具有某种程度的审慎、自制和正直。而没有这些品质,理智就是一种威胁。柯勒律治谨慎地补充说,财产资格预设了新的有才能的人士能得到公平地取得财产的机会。

2. 取得财产的人被长久地排除在政治权力之外,此项排除是建立在一个与审慎行使政治权力的能力无关的基础之上的。

3. 两种敌对利益在议会中的代表数和他们各自在国家中的影响之间严重比例失调。柯勒律治坚信,立法机关应该代表利益,而非数字。

第一个告诫——政治权力不应给予那些[95]没有财产的人——反映出柯勒律治对"暴民政治"(mobocracy)的担忧。尽管很显然他不反对给激进元素一席之地,但无疑他反对将重要的政治权力给予那些没有财产的人。他担心,由于他们没有财产,这就意味着他们在国家中没有任何股份,因此他们就可能使用权力弥补自身的贫困或发泄愤懑。柯勒律治的观点在今天看来似乎是反动的,但我们应该注意当时下层人民的物质和文化状况。直到1884年英国才冒险地迈出了一步,赋予几乎全部男性选举权。

针对选举权,柯勒律治提出了另一个限制,这一限制很难从历史状况的角度获得解释。他认为,教育不应替代财产成为政治权力的通行证。在他看来,一个人的智力成就,不能保证他适合统治。尽管他十分强调教育作为保护国家的手段,但他不愿意将政治权力仅仅同智力上的成就联系起来。他说,如果理智能力是政治智慧和道德品质的标志,那么中国通过公开考试选拔文人官僚的体制便是完美的。但对柯勒律治来说,理智方面的卓越、政治智慧和正直的人格并不必然是共生的。在下一章中我们还会对此详加论述,但在这里要说明的是,柯勒律治对于不具备财产的知识分子在政治方面的不信任并非只是一时偏见,而是他整个政治理论十分重要的一部分。当然,贫穷的有识之士也有获得财产的机会,并且一旦他们取得财产,也有机会获得政治权力,这一点对于柯勒律治的体系来说具有本质性的意义。财产资格使持久性免受鲁莽和嫉妒的危害,而财富的流通和投票权的给予则使进步性力量能够尽情发挥。

柯勒律治强烈反对的第三种情形,正如上文所述,是持久性和进步性这两种敌对利益在议会中的代表和他们各自在国家中所发挥的影响之间存在严重的比例失调。立法机关应该用这样或那样的方式公正地代表社会各方的利益。民主会偏向于进步,从而破坏这一平衡。但在19世纪早期议会中,柯勒律治真正担心[96]的不是民主,而是大土地阶层对两院的压制。我们曾提到过柯勒律治对"愚蠢的"乡村党的看法。或许有人认为他渴望议会改革。

但事实上,他不赞成议会改革,他周密地分析了社会力量和政治力量之间的关系,从而为自己的谨慎做出了合理解释。他提出,在简单草率的议会改革之前,应该仔细地考虑所有议会之外的新兴力量,例如报纸、有组织的压力集团,他们已经开始对议会活动产生深远的影响。在他看来,这些大众政治的新兴事物能在议会中与土地利益在数量上的优势抗衡,甚至不只是如此。尽管持久性的代表从表面上看是过度的,但长远来看,这不是问题所在。柯勒律治反对1832年通过的《议会改革法案》。他相信,它包含的原则将不可避免地导致进步力量的全民选举权和持久的超额代表。很显然,周围变化如此明显和剧烈,他怀疑代表持久性的势力能否找到方法,从而保持它在议会中的影响。

持久和进步是柯勒律治宪法性平衡中的第一对平衡。第二对平衡是在狭义的政治含义上的公民国家和柯勒律治所谓的"国家教会"之间的平衡。

有人认为,国家教会的概念是柯勒律治在政治理论方面所做的最重要也是最具原创性的贡献。他的国家教会实际上并非这个词的通常含义所表明的是一个教会。它作为一种制度,不同于基督教或其他宗教。事实上,它是博学多才的有识之士组成的一个庞大国家行会。柯勒律治认为,这样的制度,在任何秩序良好的国家,不管是基督教或非基督教的国家,都是必要的。在前基督教社会,异教的牧师构成了一个知识阶层或教会。如果柯勒律治能活着看到今天的俄国,他就会认为共产党便是苏联的国家教会。在英国,他认为,这样的一个教会自王国初期便已存在。它包括各种程度的有识之士,也就是[97]"知识阶层"(Clerisy),他们共同构成了王国的有教养的机构(educational establishment):

> 国家的知识阶层,或者说国家教会,从其主要成员和目的看,包含所有派别的博学之人,法律和法学的、医药和生理学

的、音乐的、军事和民用建筑学的,以及物理学方面的有智之人和教授……简言之,包括所有的所谓自由艺术和科学,对这些东西的占有和运用就构成一个国家的文明。①

这一制度需要相当数量的国家财富才能实现。柯勒律治阐述说,从最早的年代开始,英国的土地财产实际上被分成两部分,"私有财产"(Property)和"国家资产"(nationalty)。私有财产处在公民国家的权威之下。这部分土地财产的可限定继承的部分,是可以为了国家的利益、以永久信托的形式出租给贵族的。而剩余的部分也就是国家资产的部分,则被留出来维持国家教会,因此,国家财富的某个特定部分是要永久性地用来支持教育和研究的。

在现代社会,一些可以获取商业利益的职业,如法律业或建筑业,可以自给自足。但对于那些学术和教育的大型中心,也就是大学来说,国家资产仍然是必要的。并且,在整个国家中,仍然需要资金支持地方牧师和学校教师。在柯勒律治看来,这两种人物在地方社区中,从观念方面而言,都起着补充性和本质性的作用。他们不论是从思想观念上,还是从教育背景而言,都应该是有知识的人。作为牧师,因其社会等级及其职责,可以和社会各阶层保持接触。他和他的家庭应该在当地发挥一种人道主义的影响,并以自身为榜样,激励民众尊重知识,重视道德教养。学校教师和年轻牧师们应该在学习、爱国和道德等基本方面,给予年轻人指导。

[98]公民国家的作用是使持久和进步、法律和自由协调起来,而教会的作用则是"维护和改进文明,没有文明,国家既不可能持久,也不可能进步"。② 在广义的国家中,国家教会是狭隘的政治意义上的国家必不可少的制衡力量。

---

① 柯勒律治,《教会与国家》,《全集》,前揭,第6卷,页35。
② 同上,页52。

只需回忆一下《平信徒布道》,我们便会意识到,对柯勒律治来说,教会的作用是多么重要。伴随着物质文明的巨大发展带来的一切刺激,毫无疑问商业价值占据了主导地位。在柯勒律治看来,只有在国家的哲学、宗教和艺术等领域中也保持有相应的活力,英国文化才能保持其平衡。只有当一个有活力的国家教会自信地保持自身的价值,并且在国家各阶层中传播这种价值时,"教化"才跟得上文明的发展。

柯勒律治对于英国教会的实际表现算不上满意。但他认为,教会的软弱无力并非源于它自身的特点,而是源于它和公民国家之间的关系。只有当国家教会在整体上免于遭受政治干预,特别是它的馈赠免于遭受饥不择食的政治家们的侵犯时,它才能适当地履行自身的责任。在英国教会履行国家教会的任务之前,必须抵制在教会中寻求政治地位的做法,这一做法正是英国教会在运行中的显著特征。因此,国家教会就不应受到公民国家的骚扰。它的托管太神圣,它的财富太珍贵,因此不应屈服于某一时刻的政治力量:"这一利益并非只关乎某一代,而是一种可以遗赠的恩惠,它珍贵无比、意义重大,不该被当下的贵族、爵士或议员们改造、扭曲、削减或增加。"① 从理念上讲,教会应该自己管理自己。在柯勒律治看来,在英国,教会的适当管理者应该是它自己的主教会议。教会名义上的首脑是国王,国王也是国有资产的委托人。议会[99]试图干预教区、大学以及学校的独立或资助,这就违反了宪法的真正理念,并且这种干预一旦取得成功,就会在政治体中埋下后患的种子。

尽管议会政治家们没有合法权力掌控国家的知识阶层,但国家作为整体,有权要求这一团体的成员不得效忠任何国家之外的权力,也不得承认除英国国王之外的任何人作为元首。柯勒律治

---

① 柯勒律治,《教会与国家》,《全集》,前揭,第6卷,页91。

认为,不能满足这一条件的人就不具备成为知识阶层之成员的资格。

柯勒律有关国家教会的一般理论和他对当时英国教会之地位的独特看法息息相关。他关于英国教会在教育领域中恰当作用的观点十分复杂。如今,这个话题已经过时。不管历史如何发展,都很难说今天英格兰的教育处在国立教会的指导之下。历史的纷争不允许模糊柯勒律治试图宣称的基本原则,即一个合理的国家必须拥有一个能扩展到社会各个层级的教育体系。这一体系必须由致力于学问和教育的人来守护,并且他们在经济和智识方面的的独立性必须得到确保,防止政治权力对他们的干预。国家可以正当地要求他们忠诚,但不要求他们顺从。

柯勒律治坚持国教的独立,这一点意味着议会表面上的主权实际上是有限制的。他的第三对平衡,也就是"活跃力量"和"潜在力量"之间的平衡充分表露了他在宪政方面的多元主义。在他的国家中,严格来说,是没有任何至高无上的权力的。在国家中,存在很多群体或利益。当政治体是健康的时候,这些群体的权力处在合理的平衡中。在公民政体中,持久性将会和进步性保持平衡;在民族国家中,教会将会与公民国家保持平衡。平衡才是真正的宪法,宪法背后存在的是理念。正如我们在前面注意到的,理念提供了判断平衡是否合理的标准。但谁是理念的守护者呢?谁组成了最高上诉法院?[100]最终,谁是至高无上的呢?是国王、议会中的国王,还是国家教会?在柯勒律治看来,他们都不是至高无上的。的确,国王是象征性的国家元首。但无论是在公民国家中,还是在教会中,他都不是最高法官,在前者那里,他只是"天平的横杆",而在后者那里,他不过是名义上的首脑。诚然,议会在英国政治体制中,或者说在狭义的国家中是至高无上的。但广义的国家却服从于宪法的理想,并且,对议会来说,主张一种改变整个社会的基本规则和制度的权力不过是卑鄙的篡权。这些规则和制度并不受制于"游移不定的多数人投票,无论他们是通过还是抵制,是实行还是废除。"①教会也不能主张至高无上的权力。尽管教会作为教育的守护者,在某种意义上说也是理念的守护者,但教会并不统治,而是教育。严格来说,教会是学校,而非法庭。

因此,可以说,在柯勒律治的国家中,主权并没有制度化。当国家的各种利益能保持彼此之间正确的平衡时,国家便是健康的。这一平衡的标准便是宪法的理念。但没有绝对的统治者来实施这一理念,那么,谁来阻止某一元素凌驾于其他元素之上这一不健康的状况呢?谁是宪法的最终守护者呢?

为了回答这一问题,柯勒律治引入了"潜在力量"这一概念。国家想要保持健康,必须在相互竞争的各元素之间保持适当平衡。但这种平衡不能持久,除非有一种潜在政治力量的积蓄,虽然它们是潜在的,却能对在政治上有力量的个人利益发挥充分制约。只有当社会中各种群体享有相当程度的自主时,潜在力量才可能存在。柯勒律治似乎自相矛盾地认为,唯有具有相当程度的无政府倾向,社会才能保持稳定。因为,如果不存在潜在力量,任何政府就可能出于心血来潮重新安排社会制度。在此种状态下,很难说国家拥有了任何意义上的宪法。因此,也就不会有任何持久性的制度安排,任何人只要攫取了政府,便获取了全部。其结果不是稳定,而是一系列的激烈变革,从一个群体[101]的专制转变成为另一群体的专制。潜在力量不仅对稳定性有本质意义,而且本身即构成了自由。柯勒律治认为,贵族制比民主更关心自由,长期以来,英国被视为表面上古老的行会和阶级特权的家园,但相较任何古代或现代民主国来说,英国在现实中允许更多的个体自由——这种看法因托克维尔和穆勒的著作而普及。柯勒律治认为,在民主国中更少自由,因为,"民主的共和国和绝对的君主政体都同

---

① 柯勒律治,《教会与国家》,《全集》,前揭,第6卷,页91。

意,在这些国家中,民族或人民将全部权力委托给了他人"。① 这里没有自由存在的空间。谁此刻在国内秩序方面占优势,谁便在整个社会中占优势。但英国却将"权力"授予了议会中的国王,"但不管是从信托的时长看,还是从被信托的特殊性利益看,这种授权都是慎重和有节制的"。② 在柯勒律治看来,英国是幸运的,它一直拥有广泛的社会因素,并且珍惜对统治来说不那么统一的体系,因此可以说,英国的政治现实与他的理想在某种程度上是接近的。

在主张潜在力量对于健康国家的必要性的过程中,柯勒律治并不是在倡导某种形式的无政府状态,因为他坚信,如果享受自由与义务的承担不能紧密相连,社会中就根本不可能存在潜在力量或真正的自由。如果国家想要保持健康、想要避免无政府主义或专制主义,就必须对于公共利益有一种广泛的关切。这一保留力量意味着要致力于捍卫宪法,而不是以公共利益为代价、随意颠覆合法权威或追求个体的私利。

如果将这些内容置于柯勒律治的方法论框架之中,就是:优良的社会保护其特殊性。不能因为渴望达成有序、理性的整齐划一而消灭特殊性。但特殊性不是微小事物的巨大堆积。它们通过政治体的一个更具普遍性的原则——即宪法的理念得到表达。理念既保护这些个体性的因素,又将它们联系起来。这一理念是由社会自身守护的[102],是由人民及其领导者守护的。只有正当的议题才能激发起理念,而人民也将充分地感知到理念。尤其是,为活跃力量和潜在力量提供领导的主要阶层必须在领悟理念和为之献身方面接受训练。因为对理念的领悟不是自发或直观的,而是需要在理智和道德方面详加练习,因此,如果缺乏对全体人民的正

---

① 柯勒律治,《教会与国家》,《全集》,前揭,第6卷,页86。
② 同上。

确教育,尤其是对高等阶层的教育,就不可能存在良好的国家。但如果没有一个独立的国家教会致力于全社会的教育和培养,这种教育又几乎是不可能的。

这便是柯勒律治在宪法理论方面的恢弘命题。持久和进步相结合,确保一个稳定而又充满活力的文明,这种文明由具备敏锐感觉、接受了良好教育,与此同时又由在社会的持久进步中担当重任的人来领导。独立的国家教会致力于社会中的理智教化和道德统一——这个社会因此就为个体或阶层各自独特的发展留下了空间。

人们很容易将柯勒律治的这一理想政体视为在替传统英国贵族制社会做保守主义辩护。在 18 世纪,统治英国的是一个庞大的、并且相当开放的阶层。长久以来一种强烈的激进冲动因为对法律及司法过程的强烈尊重而有所缓和。在英国个人和地区的自由程度之高,胜于欧陆任何地方,但法国大革命的挑战也表明,长期存在的爱国主义似乎团结了所有阶层。教会尽管有各种缺点,但对丰富英国人的生活品质却做出了重大贡献。首先,它阻止了知识分子和绅士的分裂,而这一点对法国来说却是致命的。在成年后的大多数时间中,柯勒律治都致力于表述一种原则,这一原则既可以为英国传统提供合理证明,也可以促其发展,并在面对革命的乌托邦主义和新兴的大众商业社会文化时,为这一传统辩护。从这个角度看,柯勒律治最激进的论点不过是一种试图救赎和改造传统秩序的想象性尝试。那些如此解释柯勒律治的人,并不必然否定他对后世学者的深远影响,尽管这些学者与柯勒律治有截然不同的政治偏好。[103]柯勒律治的理念不仅出现在迪斯雷利的"年轻英格兰"(Young England)中,也出现在行会社会主义者和凯恩斯主义者中。但他本人给人的印象却是一个行将就木的世界的代言人。即使在他在世时,他的很多特定政治观点就有一些古典意味。当他老去,他住在海格特,"像是一个占星家,神秘而令人费解……一个圣人,逃避着生活的无聊和空虚"。① 此时,时代正在迅速变化。1832年改革法案通过时,柯勒律治还在世。在他去世前三年,年轻的达尔文已经开始了贝格尔号环球考察。水晶宫在柯勒律治去世十七年后落成。然而,对柯勒律治本人来说,从来没有失去对现实的关注,他在铁路时代提出了恢复哥特式社会的构想。

将柯勒律治的作品主要视为讨论某一历史时期的著作,即便在此方面对后世思想家的影响得到承认,却也削弱了他对现代世界乃至于他所处世界的重要性。柯勒律治的政治哲学超越了他自身历史视野的限制。《教会与国家》是对一种已逝秩序的情感辩护,更是一种充满想象力的辩护。不管柯勒律治,还是其他浪漫派,都不相信,任何理想或者有关良好社会的构想是永远完整的。毕竟,在他们那充满活力的宇宙中,变革在不断发生。相信终极的解决方案是一种哲学上的幼稚病,这是革命的乌托邦主义者特有的。诸如柯勒律治这样的作家们从来就没有停止过指出,这是所有革命派易犯的毛病。但毫无疑问,对保守派来说,感伤的怀旧也是一种恶习。它放纵地滥用想象,而想象这一官能有更紧迫的政治任务要完成。柯勒律治的全部哲学使他深信,任何政治公式都不完美,每个时代必须从过去的经验、当下的需要和即将出现的观念中发现属于自身的理想。优良社会需要永久性地发挥富有创造性的政治思想,对此我们可以称之为政治想象。显然,柯勒律治是基于时代的需要进行创造性政治想象的典范。[104]他也许并不认为,对在未来时代运用同样创造能力的人们来说,他开出的政治药方使这种创造力的运用变得不再必需。

不同于其他浪漫派,柯勒律治并未看到能确保个人或国家在

---

① 卡莱尔,《斯特林的生活》("Life of John Sterling"),见 Works,特雷尔(H. D. Traill)编 Centenary ed., London, 1899-1923, 第11卷,页52-53。

这一创造性过程中取得必然成功的超人力量。想象力在政治领域中可能也会像在艺术领域中那样遭遇失败。如果因为在此不存在终极理想而总是需要发挥想象力,如果没有超人力量能确保这一过程必然取得成功,那么似乎可得如下结论:政治哲学的最紧要任务应该是,在每一时代和社会中发现成功实现创造性政治想象的最有利条件。在接下来的章节中,我们将从这个角度出发考察《教会与国家》。

第七章　宪法和政治想象

[105]《教会与国家》首先是柯勒律治对当时英国各政治力量之间不断变化的平衡所进行的一种富有想象性和理解性的考察。它为英国宪政史提供了一个相当有益的洞见,展示了19世纪30年代英国的政治状况,更揭示了柯勒律治对英国政治的期望。其结果是勾画了一幅在柯勒律治看来属于他的时代和国家的优良社会的广袤图景。

但柯勒律治想要做的不止如此。他试图用具体事例,展示必将支配所有健康国家的普遍原则。的确,就他使用的方法而言,他无法提供完美社会的终极版本——无论在哪个时代都是完整的,无论在何处都能得到运用。根据他的最根本原则,只依靠纯粹的普遍理性,无法得出现实的理想。普遍性必须适应不断变化的特殊性。不仅如此,理念本身也处于永不停歇的动态变化之中。因此,没有人,也没有哪个时代有望捕捉到真理的全体。健康社会的特点便是其理想永不停歇地改写和重塑。

要想这一改写和塑造的过程获得持久成功,需要特定的社会和政治条件,也就是 lex equilibrii[衡平法]。不必说,这些持久的政治生活的法则必须以一种适合于特定时间和地点的方式得到尊崇。但在某些程度上,它们可以被分离出来,作为健康国家的基本特征。[106]当然,尝试从特殊性中找到普遍性的运作方式是典型的柯勒律治式方法。反映在《教会与国家》中,就是政治上的普遍性和具体分析的完美结合,这在方法上同亚里士多德的《政治学》有异曲同工之妙。

作为任何时代任何国家健康发展的本质条件,对柯勒律治的衡平法我们可以说些什么呢?首先,为何这些特殊条件对他来说如此重要?

柯勒律治的作品主要关注两个根本问题:一是如何建立一个进步但稳定的政治体系,二是如何建立一个多元但内在统一的政治体系。他有关如何实现这些目标的想法并非总是别出心裁,相反,大多数都是现代西方政治理论中为人熟知的。例如,许多讨论宪政政府的现代作家都使用过"保留力量"这一概念,这种力量对特定时期的政治运动并不热心,却能被召集来捍卫基本的宪政结构——一种游戏规则,那些活跃的竞争者之间的竞争不应超出这些规则的限度。活跃力量和潜在力量之间的区分暗示着,能动政府(active government)看似至高无上的权力是有边界的。正如我们之前注意到的,这一区分似乎使柯勒律治成为多元论者。他是19世纪政治思想中两种主要思潮的早期典型,这两种思潮都可以称为多元主义。有些人反对一种全知全能的主权观念,从某种意义上讲,这种主权有望对整个社会中的事物进行管理。另一些人则紧随托克维尔、穆勒和柯勒律治本人,认为现代社会在扼杀个人行动和责任感。他们感觉到现代国家正在自取灭亡,因为它越来越不利于个体和道德知识的发展,而这些发展才是国家的最终目标和存在理由。

现代国家会湮灭个性,这一担忧部分解释了柯勒律治在财产问题上的谨慎。他论述说,只有在一个具有实质性个人财富的社会中,多样性和个性才能得到维护。这不是因为他过分沉迷于财富所生的美德——这些美德与养育、教化所生的美德不同。事实上,他鄙视[107]认为财富是美德的自然奖赏的商业伦理。我们不能说他对当时的资本滥用毫无感觉,但在他看来,那些想要通过取消财产治愈资本滥用的人,不过是"疯子……他们想要挖掘或摧毁房屋的根基,以此为修补墙壁提供材料"。① 在柯勒律治看来,对财产的破坏和由平民的嫉妒所支持的元政治学(metapolitics)很快会造成一个以抽象为标准的原子化社会。

如果单个家庭不拥有实质性财产,就会缺乏有效的潜在力量,因为这样一来,就没有人可以充分独立地针对政府政策提出持久性的批判和抵抗。在异议者通常接受的刑罚之外再加上经济方面的摧毁,异议就不可能盛行。贵族至少要有能力过偏离常规的生活。并且,在他们的资助下,能为其他人提供庇护。尽管柯勒律治有很多缺点,却不是任何人的雇佣文人。但作为一个年轻人,他知道作为激进分子的代价,知道缺乏经济独立意味着什么。他只能通过韦齐伍德(Wedgewoods)的开明资助才最终得到适度安全。如果仅靠议会资助,他将会缺钱花。他在捍卫一种秩序,在这里可能会有很多个韦齐伍德,至少偶尔会出现一个柯勒律治。

也许在如今,私有财产的安全不像当时那样必不可少。无疑,这样说是公平的,这就是,如今的大学和基金会在整体上更加宽容,它们似乎反对将除理智的规诫和诚实之外的其他标准强加于人。也许如今连政府都异乎寻常地更加宽容。但那些政府的专门委员会却总是滞后。创造性需要私人性和安静。此外,任何行会团体都不可避免地拥有自身基本的正统观念。很少有人能完全摆脱浮躁的时尚潮流。被列入黑名单的好莱坞作家的那些令人心烦意乱的编年史告诉我们,对异议者来说,一定程度的经济独立并非多余。

---

① 柯勒律治,《平信徒布道》,《全集》,前揭,第6卷,页217。参见第1章,第31个注释。

然而，一般来说，多元主义不只意味着保护私有权。当多元主义在20世纪初达到鼎盛时，它包含的不过是[108]对主权的法理观念进行彻底的检验和攻击。人民主权，如同期望任何以人民名义行动的政府会对现代社会事务实施管理一样，不过是一种幻想。例如，李普曼(Walter Lippmann)怀疑任何政府有能力监管众多的国家事务，并且他尤其怀疑，所谓的公共主权(sovereign public)能够或想要指导这样一个政府。①

后来出现的这些观点有许多都能在柯勒律治笔下找到影子，但他在国家的理想及其领导权的必要性问题上采取了与之抗衡的观点。有时人们会正当地指责多元主义者潜在地预设了利益之间存在自然和自发的和谐，并因此认为他们忽略了政治的主要困境——这就是，如何在互相冲突的元素中获得有关忠诚和政策的共识。据说，他们认为任何国家"计划"都是不必要的，不同群体有望通过私下的讨价还价，解决他们之间为数不多的问题。却不能说柯勒律治假设人们可以茫然地建立和维持一个优良社会。尽管他认为个人和团体的自由对美好生活和优良社会不可或缺，但他却对一种无意识的、不受指导的社会和经济过程的自动恩惠不抱希望。这一点只需要回忆一下他对自由市场的严厉批判便可知晓。对柯勒律治来说，与横冲直撞的"商业精神"相对立，放置一种具有自我意识的"国家精神"具有本质性的意义。

柯勒律治的国家精神不是黑格尔式虚无缥缈的必然性。它是在特定时间和地点对社会和个体之善的现实理想的重新表述。柯勒律治认为，那些支配人类生活的伟大理念——自由、美、真理、尤其是社会契约和宪法的理念——必须根据特定时代的要求进行想象性改造。他在《箴言》29:18中找到了全部历史的道德："没有愿

---

① 可以参阅李普曼的早期作品，如《幻影公众》(*The Phantom Public*, New York, 1925)。

景,民就死亡。"(where no vision is, the people perisheth)①愿景式理想(visionary ideals)是对当下的批评和升华,并指向未来。但如果要想这些理想存在,并且实现它们的目的[109],理想就必须经由个人来想象和实施。如果没有拥有愿景之人共同地满足权力、智慧和美德的古老条件,就不可能有政治想象的成功发挥。唯有当社会中存在受过哲学教育、能领悟和正确地运用理念的领导人,理念的不断改造和重塑才能获得成功。一方面,这些领导人必须学会在大量特殊性中捕捉普遍性,另一方面,他们应懂得不要与个性为敌,不要徒劳地将僵化的普遍性和充满活力的社会结合在一起。当然,国家不仅需要有想象力的领导人,也需要有回应这种领导人的普通大众。全体民众必须懂得道德上的自我尊重和公民的义务感,没有这些,体面的政府就将不可能。因此,对柯勒律治来说,道德和宗教教育是国家的基础。国家教会的存在就是为了提供这种教育,不是为了统治,而是为了培育"教会和公民国家中的公职人员"。②

因此,柯勒律治的多元主义并非意味着社会不需要全面领导和指导。柯勒律治和卢梭一样,认为必须存在普遍意志。但普遍意志不是由大众集聚起来的大众制定的,而是由在一个平衡的宪政结构中起作用的有识之士的政治想象表达的。之所以说柯勒律治是一个多元主义者,不是因为他否认需要国家领导权,而是因为他相信有些领导权和力量必须处在公民国家的正常渠道之外。否则,权力的诱惑可能太大了,宪政可能会成为当时掌握权力之人的

---

① 柯勒律治,《教会与国家》,《全集》,前揭,第 6 卷,页 61。[译按]和合本圣经《箴言》29:18 中译为"没有异象,民就放肆"(where there is no prophecy, the people cast off restraint)。
② 《大学学院宪章——晚近的耶鲁大学》,(The Charter of the Collegiate School — Later Yale University),1701 年 10 月,见《耶鲁大学校史》(*Documentary History of Yale University*, ed. Franklin B. Dexter, New Haven, 1916)页 21。

贪婪或善意的牺牲品。

但如果必须存在普遍意志,就必须存在某种制定并实施政策的方法。在柯勒律治的理论中,领导权和力量问题占据着核心地位。在考虑这些问题时,他坚持认为选举权应该和财产联系起来,这就表明了他对财产的拥护。[110] 在所有这些问题中,"人们……应该被权衡,而不是被计算"。① 柯勒律治主张有限选举权,原因不在于他反动,而是因为他认为,由贫困的大多数人治理的政府,将会摧毁宪政和个人自由。对他来说,宪政意味着在国家中维护多样性,意味着多元的不同群体和阶层能在相互依赖中和谐共存,但不会消融,沦为某种普遍性的、无差别的雅各宾式抽象。民主会湮灭个性和宪政,柯勒律治不是有此担忧的最后一人。

普选和以赞同为基础的政府是紧密联系在一起的,这一观念如今已被彻底地灌输到公众的意识中。至少在先进的文明中,任何不要求频繁进行选举竞争、不实行普选的治理体系,就会自动地被人们视为是一种没有得到其国民赞同的统治。普选对于获得政治共识而言已经不可或缺了。既然柯勒律治认为一个国家不仅应该基于共识,实际上也必须基于共识,因此他就肯定会接受现在的普选。

当然,在19世纪,很多人已经预见了这一发展,其中最著名的是托克维尔。托克维尔和那些与他类似的作家们都看到了民主不可阻挡的必然性,但他们担心民主可能的后果。今天对多数人暴政的古老担忧仍然以这种或那种的形式出现。但民主、财产以及宪政自由毕竟已经共存了相当长的时间,至少在英国和美国是这样。民主没有兑现雅各宾派的平等诺言。

回过头来看,柯勒律治和其他人的担忧似乎有些夸大。为什么这样讲?是因为普选事实上没有导致一个民治政府吗?这是一

---

① 柯勒律治,《教会与国家》,《全集》,前揭,第6卷,第212页。

个复杂的问题,对这个问题的回答可能要受制于种种条件。但在整个 20 世纪,仍然不乏有作家指出,民主的形式不会自动导致[111]民治政府。的确,在民主国家,必须赢得选举。但缺乏财政支持的人却越来越不容易接近影响选举的途径。看起来,在这里说话的仍然是金钱——在民主国家中金钱发出的声音似乎要比其他地方更大。柯勒律治也注意到,国家传媒的新兴力量以及紧随其后的大众和国家压力集团的可能性是如何深远地破坏了土地阶层在议会中的支配地位——在选举中这些因素的影响绝非单一。简言之,柯勒律治维护持久和进步的第一个条件——权力必须和财产紧密相连——几乎不可能作为过时的内容加以反驳。但它是合理的吗? 即使我们理所当然地认为,民众政府只是幻象,精英政府是必然的,也不能因此得出,权力应该归属于财产,而非归属于有教养的理智。① 柯勒律治强烈反对将政治权力的授予仅仅建立在理智成就的基础之上,这是他的整个体系中最令人吃惊的要素。他似乎不仅把像他自己一般的人拒之门外,也否定了他自己对理智的培养与国家健康密不可分这一观点的强调。

不受财产牵制的理性是危险的,这是柯勒律治的一个基本观点。很多知识分子的创造性丝毫不受传统和个人得失的约束,对这部分人,柯勒律治保持了十分谨慎的态度。他担心他们缺乏现实世界的经验。他担心他们对棘手的个体事实不耐烦。总之,他担心他们对有条理的理论的嗜好。正是他们导致了恐怖统治。正是他们,为了追求理智上的突发奇想,将社会最基本的制度连根拔起。在我看来,柯勒律治对政治领域中知识分子的恐惧与他对国家教会的强调有着莫大关系。

对 1830 年代一个保守派作家来说,他不信任在政治生活中缺

---

① 当然,"流通"(circulation)在柯勒律治的体系中至关重要,也就是说,新兴的有才华的人士可以获得财富。

乏财产的知识分子可能是出于如下原因。现代政治知识分子,在 18 世纪的法国首次登上历史舞台。对保守派来说,他们的行为令人担忧。从整体上来讲,他们对既有秩序充满敌意,从长远来看,他们无休止地抨击[112]对旧制度起到了巨大的破坏作用。对一个保守的宪政主义者来说,法国知识分子最令人不安之处不在于他们批判恶习,而在于他们对整个社会结构抱有一种敌对的潜在疏离感,这种疏离很容易将改革呼声转化为革命热情。就像很多现代共产主义艺术家和知识分子一样,启蒙思想家在他们试图摧毁的体系中获得了相当程度的个人声望,并且得到了赞许,但他们仍然坚持故意和敌对的对抗。

尽管诸如普莱斯、潘恩和卡特赖特等人在社会上引起了喧嚣,尽管年轻的大同世界乌托邦主义者进行了热情洋溢的布道,但柯勒律治时代英国知识分子扮演的角色却无法和他们的法国同行们相提并论。在法国革命期间和在革命后的几年间,英国社会的既有秩序没有遭到广泛的、毁灭性的或引人瞩目的批判。的确可以说英国最有学识的人都在致力于捍卫而非破坏这些既有秩序。至于为何如此,人们或多或少能想出一些原因。其中最重要的原因可能是教会在这两个世纪以来的岁月中扮演的角色和所处的状况。

为了考察教会在英国和法国的不同作用,有必要追溯它们共同的中世纪遗产。在中世纪传统的基督教社会中,教会显然履行着如下重要的社会功能。首先,它满足了人民在精神、慈善和教育方面的需求。教会为贫困的有识之士提供了机会,从总体上讲,就如同现代政党一样,它为知识分子提供了家园。它为知识分子提供了天堂,在普遍可接受的正统范围内,他们可以在安全和舒适的环境下自由地追求思想的生活。教会在社会中赋予知识分子的不仅是港湾,还有巨大的权力。因此,知识分子在很大程度上是既有秩序的一部分,他们有充分的理由希望这个秩序得到维护。

宗教改革带来了知识分子的第一次分裂。对其中这个教派或那个教派来说,教会成了谬误和迫害的捍卫者,面目可憎并且令人鄙视。妥协毫无可能。因此,不满的[113]知识分子仍然处在既定秩序之外,对这个秩序充满敌意。在法国,清教遭到了镇压,对天主教教会的习惯性敌意仍然存在,或者说,它被初生的现代科学的支持者们重新点燃。这一"崭新的哲学"为不满者提供了时髦的现代意识形态。在它的旗帜下,伏尔泰发起了知识分子反对教会的战争,这一战争最终扩大化,反对旧制度的全部既定秩序。

众所周知,在英国却有截然不同的发展轨迹。在这里,事情的最终解决不是任何一方在教义上获得显而易见的胜利,而是一种自由的妥协。在17世纪激烈的斗争之后,英国国教肃清了极端分子,确立了一种模糊的"广教派"(broad)的中间立场。牧师的等级制度越来越世俗化,并且在很大程度上失去了它的集权性和独立性。教区(Places)和教会收入(Livings)的复杂网络成为腐败的主要来源,并因此不可避免地卷入到了国家的政治生活中。英国国教继续调和知识分子和社会之间的矛盾,甚至可以说较之宗教改革之前的调和更有效率。教士长久以来就是绅士,但现在他们不仅因其地位、也因其家庭,而与社会的既定秩序紧密地联系在一起。

英国人似乎认为一切对基督教和教会的批判都是糟糕的,他们在18世纪的大部分岁月中,都试图维持"广教会"的传统凝聚力。然而,到法国革命时,出现了一派新的、更加决绝的反对者,在拿破仑之后的年代中,伟大的广教会的妥协变得岌岌可危。潘恩作为乡村的无神论者也许不值一提,但边沁、密尔(James Mill)及其朋友们却令人害怕。他们将教会视为腐败而荒唐的社会、政治秩序的支柱。他们对宗教情感既不尊重,也无同情。对他们来说,将知识分子整合到国教之中即是它的腐败。

那些名声卓著并且充满敌意的世俗知识分子的出现破坏了教

会在理智上的完整性。在中产阶级和下层阶级中重新出现的令人难堪的清教狂热带来了更加严重的问题。教会内外再度出现的福音教派[114]的激进狂热,使教会的完整性面临重大挑战。① 简言之,宗教的复兴和衰落增强了知识分子和政治家阶层对国教的敌对情绪。此外,教会在面对内部腐败时的洋洋自得和在面对新兴工业阶层困境时的漠不关心,也使教会内部许多人愤愤不平。在柯勒律治一生中,取消国教(disestablishment)的呼声此起彼伏。当柯勒律治逐渐老去,他越来越多地为国教的特殊地位寻找正当性证明。国教及其教士的理念代表了他思想过程的顶点。

柯勒律治试图表明,确立国教不仅是历史的偶然,而且是任何受到良好管理的国家的内在部分。在他看来,追问国家为何要支持其中某个教派是愚蠢的。国教不仅是一个教派。事实上,从其根本性质或理念方面讲,国教根本就不是一种宗教制度。它是王国的世俗财产。如果英国国教是基督教,那么这就是一个幸运的历史偶然。但如果英国人愿意把自己涂成蓝色、崇拜太阳,那么英国国教仍然是必要的:

> 就像藤本植物,尽管缺少了橄榄树的支持,或者是在移植之前,但是它们有支撑便可生存,虽然不那么完美;——基督教也是如此,更不必说那些特定的神学体系了,它们是从基督教中推导出来的,或者他们的支持者认为它们是从基督教推导出来的,它们并非国教存在的本质部分,但却有利于国教的发展,甚至是国教发展不可或缺的条件。即使如此,哪怕没有基督教,国教依然可以存在,并且已经存在——在基督教之前,像希伯来宪法中的利未人教会、凯尔特人的德鲁伊教会便

---

① 另一方面,也常有人宣称,那一复兴为中下阶层的雅各宾主义提供了解毒剂。

可以对此提供证明。①

在柯勒律治看来,英国国教享有的不是神学地位。它是一种国家制度,对国家有本质性意义,[115]其成员由所有不懈追求知识的人构成。通过这一教义,柯勒律治希望确保教会不受教派之间神学争论的影响,因为这些争论必然会带来动荡。他可能是英国第一个意识到科学批评和"圣经崇拜"之间将要发生战争的思想家——他认为这种冲突是愚蠢和不必要的、令人厌倦。这些无疑都是他渴望将教会和世俗宗教分离开来的原因。

柯勒律治不仅希望国教免于教派纷争,也希望它免于政治纠葛。这一点从他有关"沽名钓誉、谨小慎微的显贵"的意见中便可窥见一斑。然而,当教会收入是政府资助的支柱时,牧师如何能够避免成为此类人呢?教会必须自治。有识之士的共同体必须摆脱议会在财政和政治上的干预。

柯勒律治认为,不仅有必要将纯粹的政治国家与教会分离,而且要将教会与国家分离。尽管教士阶层应该免受政府干预,但他们也应小心谨慎、抵抗诱惑,不将从公民政体中获得的豁免权转化为公民政体内部的权力。在柯勒律治看来,这是罗马教会不可饶恕的罪过。它始终想要将自身从教会转变为公民国家。其结果是,它要么自身变成国家,要么成为国家中的一种颠覆性国家(subversive state)。如果教会的自治得到了确保,就可以拒绝这些诱惑。任何公民政府在自身的领域中都不能容忍敌人。要想保持适当的宪法性平衡取决于教会和国家双方的彼此克制。

柯勒律治提出了使国教超脱于公民事务之外的进一步理由。他越来越相信,为了知识,学术世界和政治世界不应过分亲密。在他看来,哲学研究已经饱受摧残,学者们越来越像记者,没有大众

---

① 柯勒律治,《教会与国家》,《全集》,前揭,第6卷,页60。

的喝彩便一事无成。如今人们希望政治哲学家成为政治煽动者。柯勒律治感觉到,政治因哲学的涉入而得到改观,这是可疑的说法。当然,哲学同样饱受折磨。[116]柯勒律治一直抱怨当代哲学的堕落。对于揭露困扰当代政治的片面观点,哲学不能提供宽泛的标准。他一次又一次地追究使知识分子软弱无力的原因,这就是,缺乏一个纯粹的哲学阶层,致力毫无偏见地追求真理。

柯勒律治关于国家教会的理念在当今世界有相关性吗?回头来看,他有关英国国教的规划似乎并不现实。或许,最大的绊脚石是宗教本身。基督教被嫁接到教会的理念上不过是幸运的巧合,但这一嫁接已然完成。教会从来没有远离基督教,希望在具备完整性的同时,又具备宗教性,这种尝试似乎也以失败告终。只要教会含有任何宗教维度,它就注定会一方面卷入分裂的教派之争,另一方面同世俗的知识分子疏远。不管英国国教的包容性多么广泛,似乎永远不可能成为当今世界知识分子的总协会(general guild)。

柯勒律治为何对这一致命弱点视而不见?毫无疑问,他对教会有着特殊的情感。而且,他仍然希望他引介到英国的德国观念论能最终产生一种全新的综合性哲学(synthetic philosophy)——这种哲学的整个视野能够超越当时科学和宗教的片面观点,并且恢复理智世界的内在统一性。哲学可以再次统领所有知识的分支,给予它们有价值的位置。柯勒律治梦想自己能创造这样一种综合哲学。这种哲学观影响下的教会能恢复中世纪的统一性,能够理解所有参与脑力劳动的人士。

如果说他的希望是过度的,他的恐惧也是如此。英国国教是丰厚文化财产的继承人,这些财产就体现在它自身的基督教的过去中。在柯勒律治看来,如果教育与教会分离,那么这些财富将会在社会中消失。那么,究竟什么可以替代英国国教呢——是功利主义的学校体制、技工学院,还是"讲座的自由市场"般的大学?

柯勒律治认为，宗教作为一种教育方式，具有一个显著的优点。它可以以信仰的权威为后盾，通过寓言和象征，使最复杂的真理适应[117]不同智力水平的人。因此，如果信仰不能使人在理智上成为哲学家，也能使人在行为上成为哲学家。正是宗教使大众的行为受原则影响，而大众的思维是永远无法把握这些原则的。因此，某种文化的特征总是取决于大众的宗教信仰。"简言之，宗教，无论对错必定是并且一直是王国的重心，所有事物都必须并且也愿意和它保持一致。"①在没有基督教在场的情况下，人道的影响很难到达普通人那里。

梦想和恐惧都被证实是太过了。尽管观念论者做了一些伟大的尝试，但最终也没有能够恢复中世纪理智世界的内在一致性。国家教会的理念和功能仍然在持续，尽管一度体现它的制度看起来已经不再能够做到这一点了。如今在英国和美国，没有哪种宗教制度能宣称自己就是柯勒律治说的国家教会。但那些规模较大的私立大学和学校以及整个国家的教育体系是否可以这样宣称呢？私立的教育制度拥有巨大的民族属性，并且受到了优待，享有税收和控制方面的种种豁免。大学和基金会给知识分子提供了家园，并且在一个既定的社会秩序中凝聚他们的忠诚。国家教会已经世俗化为非教派性的大学和学校。大学的校长是现在社会的主教。

这个转变解释了，为何在今日社会，这本书在有关学术自由以及学术在政治生活中的作用的洞见方面较之它在教会和国家的分离方面所说的内容更有用处，尽管书名叫做《教会与国家》。如果我们相信柯勒律治，那么，这本书的直接灵感就是他想要揭示为何要反对赋予罗马天主教会干预英国的权力。对柯勒律治来说，学术自由在此有一些绝对的限制，但在他看来，罗马天主教并不尊重

---

① 柯勒律治，《教会与国家》，《全集》，前揭，第6卷，页67。

这些限制。因而在他看来,罗马天主教不是一个正当教会,而是一个野蛮国家。教士阶层的成员不能忠诚于一个外国的政治国家。罗马天主教徒不适合成为教士阶层的一员。尽管柯勒律治担心天主教,但他[118]却在极大程度上偏向学术的自治。他认为,如果没有学术自由,就不可能有学术质量的高标准——这种看法在很多大学与政府联系紧密的国家中得到了很好的例证。

柯勒律治并没有忽略问题的另一方面——任何政体都不能容忍公开散布对既定秩序有危险性颠覆影响的理念。事实上,如果有人认为历史上一切伟大的革命都是"隐士般的天才"冥思苦想的结果,那么他就不太可能无视理念所发挥的无意识力量(reckless power)。柯勒律治曾经在《朋友》中直接讨论了自由言论问题。学者应该自由地沿着自身对真理的渴求所走的方向。但他并没有相应的权利,以一种有意挑起公众情绪的方式去散布煽动性的思想。这个观点并无特别之处。当柯勒律治说,哲学家试图对当下的事件施加影响,不论对国家、还是对哲学家本人而言都是危险的,他的观点就更值得我们关注了。柯勒律治似乎认为,学术应该拒绝那种追求实用的欲望,注意不要过于直接地运用自己的理念。缺乏平和心态、不懂得退一步思考,这在柯勒律治看来,是他那个时代的哲学家们的苦恼。它一而再再而三地驱使他们得出一些匆忙而又片面的观点,这些东西对社会的平衡造成了威胁。

然而,最终,抵御这些错误想法的唯一现实的武器便是真正的理念。想要成功地追求真理,就需要一个自治性国教筑起一道隔世樊篱。但除非教士阶层铭记自身对国家的共同责任,除非他们意识到,探究和讨论的自由要求他们在向大众普及知识的过程中有一种理智上的自制义务,否则这一自治就无法持久。在柯勒律治看来,只有当社会制度确保知识分子的独立性,且能促进其对既有秩序产生忠诚感,从而使知识分子整合到社会之中,才有可能使其产生对国家的忠诚感。他为英国国教辩护,因为他相信,如果国教的地位从制度上被废除,国教自身就会消失。但如果建制性的教会不能履行国家教会的角色,并不必然意味着理念本身过时了。如今,理念在新制度中得到了体现。知识分子在英国和美国找到了[119]新家园。如果它的港湾不令人满意,感到害怕的就应该是保守派。柯勒律治当然是对的:对既定秩序而言,没有什么比愤懑的教士阶层更危险,他们一定会采取变革行动。

柯勒律治关于国家教会的理念全面地揭示了一个重要问题,这就是在现代政治生活中,知识分子应该扮演什么样的角色。正是这些观点的极具启发性,使柯勒律治在政治领域和在其他领域中一样,成为一个需要细致地和富有想象力地来研读的主题。《教会与国家》是一个很好的例证。它对现代宪政国家做了很多探索,这些探索范围广阔,又不乏丰富和有启发性的细节,这是十分难得的。

柯勒律治和卢梭在很多方面十分相似。他是在与《联邦党人文集》的作者们商榷之后写作的,卢梭也可能会这样。柯勒律治的理想国家是建立在同意基础上的。但同意远远不够。共识需要内容。由于国家会持续遭遇变革,它就需要富有想象力的领导权作为核心——"能量",如此才能使之稳定。领导权不应来自纯朴而简单的民众的自发性直观,而应来源于一个庞大且开放的统治阶层的经过训练的理智——这个阶层将财产和教养、公共精神结合起来。柯勒律治还要求一个自治性的国家教会,这个国家教会通过教育和对知识的冷静客观的追求,实现对社会的教化。最后,在柯勒律治的优良社会中,还必须存在自由发展的空间和多样性。在这里,必须存在多个阶层和多种生活方式。渴望整齐划一的社会——想要将所有阶层拉到一个同质性的抽象水准,在柯勒律治看来是现代政治思想的致命缺点。一个致力于此方案的社会不可避免地会使自身限于困顿。世界是不断变化的。理想也要经常地保持更新。单一的思想无法永恒地掌握一切真理,单一的理念不能包含所有的善,单一的生活方式无法包含生活的全部美好和丰足。对柯勒律治来说,优良的社会包含多种生活方式,也包含着这些生活方式之间的彼此理解和沟通。

对于在国家统一体之内的处于平衡状态的多样性的强调,是保守的宪政主义者给我们留下的最伟大遗产。在我看来,正是这一强调使他们[120]较之民主派人士如潘恩、普莱斯相比,更称得上是现代英国的真正预言家和辩护者,并且在更松散的意义上说,对美国也如此。美国社会最引人注目的地方不在于其"民治"的民主政府。幸运的是,美国社会不是由人民统治的,尽管其统治需要得到人民的同意。美国社会的辉煌成就在于,在一个内在一贯的统一体中,在各种群体和文化类型之间,实现了一种普遍和平的合作状态。如果我们想要实现统一性,也必须保持足够多的个性。这不是民主的遗产,而是宪政主义的遗产——不是潘恩的传统,而是柏克的传统。

柯勒律治观察世界的方式使他非常适合于提出一种充分的有关现代宪政国家的理论。他的方法——理性和知性学说——使他可以适应持续不断的变化。它使他在容忍多样性的同时又关注统一性。他的心理学使他对强化共识的非理性化力量产生了深刻的洞见。最后,他的想象学说也使他敏感地觉察到政治生活对想象力和领导权的需要,也使他敏感地觉察到教育在产生称职的统治阶层中起到的根本作用。

尽管在语言和论证中有古典风格,但如今对柯勒律治的保守的观念论仍然有许多东西值得一谈。认为美国社会未来的自由和健康不仅取决于教育体系的整体质量,而且尤其取决于它是否有能力培养柯勒律治意义上的统治阶层,也就是一群拥有才华、教养、权力并且拥有舒适经济地位的充满公共精神的精英,不是没有道理。当托克维尔说,伟大的外交政策只有在贵族政体下才能想象和执行时,他可能是对的。如今,文明已经变得如此复杂,以至于在政治共同体的几乎所有领域似乎都需要宏大设计。比如,没有城市和州政府在政治想象力方面的显著增强,我们就无法希望保持对地方行动和地方力量的传统依赖。随着"文明"问题变得日益复杂,对于有教养的领导阶层的"培育"也就越来越紧迫。我们不应忘记柯勒律治通过[121]教育一词所指的含义——不仅是要培养专家,而且要培养一种在彼此关系中看待一切事物的能力,避免片面观点和偏激的价值。对这种类型的哲学判断的需要并不限于国际关系领域,比如说,当代城市规划就以令人沮丧的频繁性揭示了这种需要。

讨论柯勒律治作为政治理论家的诸多杰出之处,自然地会导致如下问题,这就是为何这些杰出的地方很少被人发现。当然,在今天,不仅柯勒律治,而且大多数观念论者都被遗忘了,除了那些攻击他们的人,没人会注意他们。柯勒律治对英国的政治思想曾经影响巨大,尽管这些影响(除了穆勒)几乎没有得到承认。柯勒律治并没有作为一位哲学家被认真对待有诸多原因。他的作品寓意深刻,但往往在意思上过于隐晦,并且在表达上也显得业余。如果是为了获得名声,柯勒律治原本可以做得更好,他只需要打造一些片面的观点即可。毕竟,一种平衡的观点,无论多么合理,也很难引起注意。在观念史上柯勒律治并未留下印记,他的思想也无助于任何党派的目的。他对保守派来说太激进,而对激进派来说又过于保守。他有关共识和"国家精神"的强调不仅吓坏了那些关注极权主义的现代学者,也吓坏了那些守旧的、自由的"新保守主义者"。另一方面,柯勒律治也冒犯了崇尚大国家的"进步分子",这不仅因为他对《议会改革法案》持怀疑态度,也因为他是一个坚定的反民主派。他为"底层"呼吁,但同时又坚信,一旦诉诸这些人,暴民就会随之而来。他意识到人类的善是有限的,因此对他来说,民众政府便是"暴民政治"。

然而,对当今政治理论来说,对民主的怀疑没有使柯勒律治过时。事实上,他仅仅料到,在进步分子中间,有一种走向精英主义的不可阻挡的趋势。他们中的一些人早就料到,民众主权绝非万全之策,对他们来说,信仰民众主权越来越不能与积极且富有创造性的政府相容。

韦伯夫妇(Beatrice and Sidney Webb)便是一个极好的例子。他们发现,要想将对[122]民众政府的信仰与政府使社会摆脱资本主义的罪恶这一希望结合起来,变得越来越困难。他们越来越多地不是信仰民众的智慧,而是信仰官僚专家中的精英。这些专家或许可以从一个优秀的国家教育体系中、从其毕业生中通过竞争性考试民主招募。的确,这些有才能的官僚将会为了大多数人的利益而实施统治。只有在规定的时间段或在最宽泛的政治问题上,才需征得大多数人的同意。与此同时,政府也不仅通过赋予每个人机会,而且通过消除积聚和转移实质性财富的可能性,从而继续它的逐步消除因继承而取得的不平等的政策。①

柯勒律治可能在韦伯夫妇的理论中找到不少与自己相似的地方。他应该会同意,社会应该根据一种适当的图景来塑造。他也不会反对积极地运用宪政政府来产生这一图景,尽管他可能会质疑政府有做到这一点的能力。毫无疑问,他也可能会赞赏韦伯夫妇的坚定信念,即坚持认为不存在最终的解决办法,理念必须不断更新以适应新的情况。他当然也有他们时常谈到的忧虑,即为了保持创造性,必须在社会中保持多样性。但他也肯定会追问,一旦多样性的经济和社会基础遭到破坏,如何才能保持这种多样性。如果社会无法解决它面对的所有问题,他可能会问,那么就难保有一天会需要另一对奇特的韦伯夫妇,他们就像眼下这一对那样,享有特殊的社会地位和每年一千英镑的收入。

---

① 有关韦伯夫妇的立场的一个极端的表述,参见韦伯夫妇的《苏维埃共产主义:一种新文明》(*Soviet Communism: A New Civilization*, Reissue of the 2d ed. With the new introduction by Beatrice Web, London, Longmans, 1941)。

最后,也可能会有人猜想,柯勒律治和韦伯夫妇不是同路人。他们的确都看重有学识的精英,但边沁也是如此。对于什么使得教育和技巧的传授完全不同,柯勒律治有清晰的观点。真正的知识不仅是信息或技术。它是一种能在事物的正确关系中看到充分性[123]的能力。它使人避免片面观点,形成公正和理智的判断。对柯勒律治来说,边沁的精英政府可能是一个"有才能之人"(talent)构成的政府,而非"有天赋之人"(genius)构成的政府——是由无数"讲座市场般"的大学造就的有才能之人,这些大学单调地生产那些废话连篇、自吹自擂和极度无知的专家——他们缺乏真正的学识和想象力,而只是辛苦地追求自己沉闷的理想。

尽管柯勒律治对在他看来属于实证主义的浅薄智力的东西十分反感,但他对那些反对理性的人也并无多少好感。他可能会反对沉闷的左派,但也不和疯狂的右派站在一起,法西斯主义对非理性顶礼膜拜,试图在英雄的暴力生活中找到在官僚主义乌托邦中丢失的更深层次的真理。但如大多数伟大的观念论者一样,在柯勒律治笔下没有这些东西。尽管是一个浪漫派,但他仍然是一个理性主义者。他不否认情感经历的丰富性,而是试图将其纳入到一个更宏大的秩序中。他反对那些仅由情感认可的荒唐原则。他对"英雄"不抱好感。①

在最后的分析中,我们要说,柯勒律治是贵族政体的伟大辩护者,贵族政体是人文主义者的政体。在柯勒律治看来,社会需要领导权——需要一种适合于特定时期的政策,这种政策是在理想的启发下产生的,能用任何一种方言来表达出生活中的美好。教育赋予统治者想象力,以构想出一种恰当的国家理念和维护这一理念所需要的品格。只有最具人文气息的自由教育才能使人有资格

---

① 想进一步了解柯勒律治对英雄的态度,可以参阅我的论文《柯勒律治论拿破仑》(Coleridge on Napoleon),见《耶鲁法国研究》(Yale French Studies), New Haven, 1960-1961,第26期,页83之后。

去统治。① 这种理想永远不可能流行。对法西斯主义者来说,它在理智的规训方面所需的太多[124];而对民主主义者来说,它又太过于贵族化;对特权阶层,它太苛刻;对官僚专家,它假装浅薄。现代政治理论忽略柯勒律治不足为奇。但幸运的是,实践有时要优于理论。现代人偶然也会优于他们的原则。

---

① 在当今世界柯勒律治研究方面,科伯恩无疑较同时代其他人更有学识,他严格区分了柯勒律治的托利主义与华兹华斯、骚塞的托利主义。在他看来,后者"将自己等同于既定利益,等同于劳瑞德(laureats)和赞助人"。柯勒律治的保守主义受到了"反对改革和恐惧暴民"之外的东西的启迪。他是一个托利党人,因为"他强调精神生活的首要地位,这一点促使他将教育权利和对教育的需求置于政治权利和政治的需求之前"。参见科伯恩,《诗人成为公仆》(Poets into Public Servant),载于《加拿大皇家学会学报》(Transactions of the Royal Society of Canada),1960年6月,Section II,3d series 14,页9。应该补充的是,在柯勒律治的体系中,在最后的分析中,这两种权利相对彼此都是至关重要的。科伯恩女士这篇文章的其余部分提供了柯勒律治在马耳他作为"行政首脑秘书"(Segretario Publico del Commissionario Regio)的有趣记述。

第八章　国际视野

　　[125]在国际关系方面,民族主义理论家总是面临着因其对国家的热爱而提出的实践方面和逻辑方面的难题。很多学者最终形成了有关民族之间相互共存的理论。在达尔文主义者出现之前,几乎所有民族主义作家都是基于柏拉图作品中找到的陈旧的观察结论提出某种理论,这个观察结论就是,只有民族内部保持和平,它才能和邻国保持和平。"文化民族主义之父"赫尔德似乎相信,一旦每个民族实现了自身的民族独立和政治自由,那么所有的民族就会共同生活在一个自然和谐的国际秩序之中。几十年后,马志尼(Giuseppe Mazzini)也做出了一个非常相似的展望,但在其必要的条件方面他说得更为具体。两位作者的乐观态度的背后是他们信仰必然到来的进步。对赫尔德来说,神圣能量,或者说超越性能量(Kraft),使历史中的人在有关人性(Humanität)的不同民族文化中获得了精致化表达——也就是实现了人性的巨大潜能。此后,一些民族主义作家,如鲍桑葵,将每个民族在社会正义方面的成绩列入到各民族之间和平共存的必要条件之中,反映了社会主义的影响。威尔森(Wilson)对民族自决的信仰不过是同一种乐观看法的另一种表达。

　　有趣的是,柯勒律治从未分享过这一民族主义者乐观态度的潮流。他从来没有将国际世界视为赫尔德笔下的宁静乐园,在那里各民族都为了人类的利益而绽放花朵。另一方面,他的世界也并非帝国主义者充满血腥的达尔文式丛林。它更接近我们平时了解的花园,生长着一些昆虫,也偶尔会有些谋杀。的确,柯勒律治的国际花园较之浪漫派而言,具有更多的柏拉图式风格。自然的可喜成就需要人类永不停歇的发明。成功的政治想象不是首要的,而是次要的。

柯勒律治用《朋友》的三章篇幅具体地讨论了国际关系问题。① 首先,他分析了拿破仑战争这一著名国际事件的理论意义,从而开启主题。1807 年,英国海军攻击并摧毁了丹麦舰队。丹麦被认为是友好的中立者,因此这一行为遭到了国内外的广泛批评,认为这一行动是违反国际法的不道德行为[127]。对此,英国政府持保留意见,因为在它看来,一支即将落入拿破仑之手的巨大舰队的存在对英国的安全构成了巨大威胁。这一行动可能是不道德的,但当民族利益受到巨大影响时,道德必须放置一边。② 柯勒律治从理论角度讨论了这一问题,对于这两种态度他都表达了典型的不赞成态度。

柯勒律治问道,是否存在诸如国际道德这样的事物? 如果存在,它有什么要求? 他以一种误导性的主张开始了对此问题的回答,即在他看来,个人道德不能只是因为个体共同行动而不适用。道德原则既适用于个体的集合也适用于个体。尽管国际法不是由

---

① 柯勒律治,《朋友》,《全集》,前揭,第 2 卷,第一部分,第 10、13、14 篇论文。
② 1808 年 2 月 8 日,周一,马奎斯·威尔斯利(Marquess Wellesley)在上议院发布了政府声明。参见《科贝特的议会辩论,第一辑》(*Cobbett's Parliamentary Debates, First Series*, London, 1808 年),10,页 342 之后。威尔斯利的论证完全是基于自我保存的自然法,这与柯勒律治的论据并不冲突。这里所提到的威尔斯利是理查德·威尔斯利(Richard Colley Wellesley),是惠灵顿公爵的哥哥,他靠自身势力成为了举足轻重的政治人物。他曾任印度总长(1797-1805)和外务秘书(1809-1812)。这是他在上议院进行的首次演讲,据说此次演讲影响强烈。

官方颁布和执行的,但各民族在处理彼此关系时有义务道德地行动。但是——柯勒律治在此笔锋一转——国家的道德责任不同于个人的道德责任。英国针对丹麦的行动并非不道德,[127]因为国家的最高道德责任是保存自己。他回到柏拉图式的古老主张为自己辩护,即,只有在一个优良的社会中,才能出现好人。正如我们所知,柯勒律治非常严肃地质疑那种脱离民族环境的人的概念的现实性。脱离了赋予人性以内容的特殊性,这样的人的概念对柯勒律治来说就是一个抽象概念,这个概念不能指代人的经验中任何可辨识的事物:

> 出于两个角度,我崇敬人类;首先,作为一个公民,也就是作为一个民族的一部分,或者为了这个民族;其次,作为一个基督教徒。如果二者都不是,而不过是单个两足动物的集合,不承认任何民族统一体,也不和我一样信仰基督,我就会对待他们如脚下的尘土,不会有任何私人性的同情。①

和19、20世纪大多数民族主义者一样,柯勒律治相信,一个孕育好人和产生高贵文明的优良社会,如果处于一个剥夺作为公民的人民的权利、义务和友爱的异族统治之下,这个社会就无法获得长期繁荣。记住希腊的教训吧。当自由和独立之时,他们"是全人类的恩主"。而一旦丧失独立,即便是作为令人羡慕的罗马的富足奢靡的臣民,也不会再有天才了。"唉!再也没有索福克勒斯,菲狄亚斯;天才随着民族独立的消逝而消逝了。"

从这一信仰中,不可避免地可以得出如下结论:

> 如果想要成为人,我们必须是爱国者,那么,民族不独立,

---

① 柯勒律治,《席间漫谈》(Table Talk),《全集》,前揭,第6卷,页395。

爱国主义便无从谈起,当我们把国家置于最有利于民族独立的状况时,当我们维这种状况时,我们不需要新的或特殊的道德法典来为自己辩护。①

因此,柯勒律治论述到,国家不会遵守任何可能毁灭国家的条约。在使用暴力消除对其独立造成的威胁这件事上,国家没有任何道德上的限制,之所以如此,不是因为国际政治是[128]不道德的,而是因为事实上国家的最高道德义务是保存自身。国家并不简单地是国际棋盘上的一颗棋子。国家包含着它的整个社会和文化。所有政府及其公民的最高义务便是国家的保存。

"但是",柯勒律治补充说,"真正的爱国者应该意识到,不应通过普遍的征服来达成这一目标。"②保存国家需要审慎——一种明智的知性。历史告诉我们,国家向本国之外扩张其利益和影响,往往标志着民族衰退的开始。如果邻国尊重和怀念古代的友善关系,那么对国家的保存就会更容易一些。甚至打败了危险的敌人也是一种遗憾,因为它减少了外交斡旋的机会。要想使现在的敌人变成盟友,这种现象并不少见。

但这些考量都是出于权宜之计。上述形势的道德内涵是显而易见的。国家的最高道德义务是维护自身的生活方式,因为只有在这些民族的语境中,个人才能发挥出他作为人的潜能。

在我看来,柯勒律治在《朋友》中的论述是相当随意的。他回避了一个重要问题,也就是一个生活在邪恶国家中的好人所面临的问题,尤其是当这个国家加入到一场与一个良善国家的非正义战争中时。无论如何,柯勒律治的根本态度是足够清晰的,并且同他的整个政治理论完全一致。他有关国家以及国际关系的观点是

---

① 柯勒律治,《朋友》,《全集》,前揭,第2卷,页269。
② 同上。

由他的两个最根本的原则所统帅的——其中一个属于哲学范畴,另一个则属于心理学范畴。

在哲学层面上,柯勒律治反对那种想要在适用于全体人类的原则基础上构建某种普遍国家的世界主义。对他来说,这种理想不过是那种具有毁灭性的元政治学的另一分支。那些相信由普遍法则支配下的普遍国家的人,实际上犯了一个古老的错误。他们试图运用纯粹理性的抽象,而并未考虑人类共同体或单个人所包含的无数并且不断变化的特殊性。对于纯粹理性的有条理的抽象的毁灭性激情[129],会使人们忽视生命的现实,而进行一场残酷的战争,反对特殊性、反对一切民族和个体个性。

另一方面,正如我们看到的,柯勒律治并不满足于将政治与理性分离开来。国家有自己的理想,有其在宪政方面的理念,这些都由理性来把握。民族的理念的确也包含一些普遍性的元素。衡平法适用于所有健康社会。但是,普遍性原则是空洞和无用的抽象,除非用特定民族文化的具体色彩和丰富性来充实它。

柯勒律治在这方面的观点,正如在其他方面的观点一样,和卢梭非常相似。卢梭的《社会契约论》表达了一种普遍理想,这一理想的基本真理可以同等地适用于所有国家。然而,卢梭的理想国家是小规模的,并且是自成一体的。但即使是在《社会契约论》中,卢梭也为每个国家设置了文化上的特殊性。在其后期例如《论波兰政府》的研究中,他对这一理想进行了改造,以适应特定民族国家独特的文化特点。

当然,卢梭不是他所处时代众多思想家的典型。法国启蒙运动的理性主义的确具有强烈的世界主义色彩。一种基于普遍性的体制自然会导向非历史的,对特殊非理性传统和制度的不耐烦态度,因此它倾向一种普遍国家。另一方面,这也不是建立在普遍理想基础上的政治乌托邦的必然品质。柏拉图、亚里士多德和卢梭,都认为完美国家的理想是普遍性的,但他们没有感觉到,这一点会迫使他们去表述一种普遍的世界主义国家。事实上,他们都相信,只有在一个小型的、特定的和排他性的国家中,才能实现普遍的政治理想。尽管他们都是"观念论者",但他们都强烈地意识到人类达成理想的努力是有限的。他们都相信,只有在一个吸收了终极忠诚的有限国家中,人类才能接近这一理想。尽管苏格拉底为真理而献身,但在他的善的良知中没有背叛自己的城邦——他也没有脱离城邦想象自身的生活。

然而,柏拉图和卢梭都不是基督徒。他们并不同意奥古斯丁式的[130]脱离政治和国家的道德上的卓越。异教徒哲学家主张在对国家的无私服务中,通过政治活动提供救赎。这种意义上的国家既包含国家也包含教会。对基督教徒来说,这是亵渎上帝的,也是不可理解的。对于基督的救赎来说,政治是无关的,或者至少是偶然性的。国家不过是一种便利条件。道德既是个人性的,也是世界性的。人类并不能共同地(en masse)得到拯救;对每个人来说,救赎是个体性的事情。所有人,抑或至少所有基督徒都平等地为上帝所爱;民族性与道德标准和义务无关。出于便利的目的,国家是民族性的;但教会是普遍性的,并且因此道德也是普遍性的。①

异教徒和基督教的这两个理想已经并行了数个世纪,并且人们已经无数次地努力试图调和它们。但疑问在于,除柯勒律治之外,有多少作家能够同时强烈地投身于这两种立场。柯勒律治投入了大量精力致力于保护基督教和使它恢复活力。他竭尽全力,想使他的理想主义和一种合理的、正统的基督神学相调和。

柯勒律治的信仰是如此坚定和灵活,以至于他没有在基督教和哲学之间看出任何终极性冲突的存在。他认为,这些曾经出现

---

① 这一极端的基督教理想,正如奥古斯丁所说,在历史过程中经历了很多的妥协。

的冲突,是学问"平民化"的结果。一些庸庸碌碌的无足轻重之人贬低了哲学与宗教,这些人具有一种对于新闻业来说有用的通俗归纳的能力,但却没有进行深刻哲学思考的天赋。柯勒律治提出,要将学问归还给有识之士,如此宗教才能照看好自身。

正如为了维护真正的哲学和宗教,柯勒律治提出了自治的国家教会。他希望,这一有识之士共同体的自治权,能维护思想的卓越性。但教会也被赋予国家的特殊功能。他要求教会培养"礼节"(civility)——这种品质可以使其公民变得忠诚和可靠。对柯勒律治的国家来说,宗教不可或缺。但如果这种宗教想要超越民族理念的理想或与这一理想相互冲突,又会怎么样呢?[131]如果基督教不允许国家的混合理念(mixed idea)遮蔽它有关上帝的纯粹愿景,又会怎么样呢?要而言之,如果基督教拒绝成为国家教会的话,会怎么样呢?

柯勒律治有关基督教和国家的关系的立场如下:基督信仰或"基督的教会"是一个市民议会(ecclesia),正是这一信仰的沟通产生了世界(the communion of such as are called out of the world)。英国国教严格上不能称为教会,它实际上是一个市民议会,"是王国之内被选出来的人的秩序,也是王国的秩序,它构成了王国的一个等级"。① 尽管基督教极大地丰富了英国教会,但从理论上来说,基督教对英国教会的存在并不具有本质意义。橄榄树滋养了附近的藤蔓,但它们不是同一株植物,而是独立存在。② 宗教道德想要获得政治影响力,就必须体现在国家的理念中以及体现在国家随之而来的文化中。否则,宗教便是私人事务,与政治无关,甚至可以说与道德无关。

但柯勒律治既非潘恩也非伏尔泰。他的宗教感觉十分发达。

---

① 柯勒律治,《教会与国家》,《全集》,前揭,第6卷,页53。
② 参见本书114页。

第八章　国际视野

那么，为何他急于将宗教与教育从国家本身分离开来呢？尽管这种分离只是理论上的，他承认在英格兰根本没出现过这种分离，并且如果真的发生了这种分离，他也会表示激烈地反对。柯勒律治在限制将哲学适用于政治世界的过程中使用了一些理论，在此他试图运用这些理论来解决基督教理念和国家之间的紧张关系。宗教的最高理想，就如同哲学的最高理想一样，是太过单纯了，以至于不能适用到实际的政治世界。尘世间的生活太复杂了，无法仅仅依靠纯粹的理性进行调整。国家不是教会。宗教和哲学结盟——二者都会被放逐到天国之中。哲学家用爱的眼光向上注视着天国，而一旦试图确立它们在地上的统治，结果只有困惑与悲伤。

柯勒律治的民族主义也可能会扰乱他那理智上平和的心境。他极有可能并不满意分配给宗教的角色。他哲学思想中的许多部分具有明显的普遍主义风格。① 同民族主义者赫尔德不同，柯勒律治[132]绝对不是一个相对主义者，这一点在二人风格迥异的文学批评中便可以看得分明。柯勒律治并没有在每一种文化的独特本质中寻找评价标准。② 相反，他被视为现代评论的创始人，这种评论主要关注的并非是文化上的独特性，而是鉴赏方面的普遍法则。

---

① 在某种意义上说，基督教会和国家的关系类似于纯粹理性和知性之间的关系。在这两种情形中，当涉及现实世界的实际事务时，那些在范围上有普遍性的、能为每个人直观和个人性地把握的理想和制度，服从于在范围上不那么普遍的、并且其规定需要知识方面的训练和实践经验的理念和制度的制约。在政治世界中，柯勒律治并非一个信仰主义者。

② 柯勒律治十分确定，评判诗歌是否优良存在一些超越性的标准。参见威尔斯（G. A. Wells）的《赫尔德和柯勒律治评历史方法》("Herder's and Coleridge's Evaluation of the Historical Approach")，载于《现代语言学评论》(*Modern Language Review*)，1953，48，页167-175，以及同一作者的《人类和自然：柯勒律治对赫尔德思想的反驳》("Man and Nature: An Elucidation of Coleridge's Rejection of Herder's Thought")，载于《英德语文学杂志》(*Journal of English and Germanic Philology*)，1952年第51期，页341-325。

这一普遍主义同样出现在他的政治学中。尽管他意识到一切尘世中的努力都是有限的,这一点使他将单个国家视为政治生活唯一正当的语境和政治道德的标准,但当他表达对某一国家的忠诚时,有趣的是,他的哲学体系中固有的普遍主义元素在此开始显现出来。和赫尔德不同,在最后的分析中,柯勒律治没有提出一种适用于一切国家的标准。没有一个国家和其他国家是同样的。但他的确相信,有些国家是好的,有些国家则坏。而在赫尔德看来,民族应该被理解,而不应被评判。柯勒律治没有抱持这种看法。值得强调的是,柯勒律治不是文化相对主义者。在他讨论英国国家时,他想要阐明的是一种理想的宪法,这种宪法既适合于威尼斯或佛罗伦萨,也适合于英国。曾有一段时间,人们弄不清楚,英格兰究竟是一个例证,还是一种理想,也就是搞不清楚英格兰是不是一个具有普遍特殊性的民族。

和柯勒律治一样,赫尔德当然也认为应该首先忠诚于自己的文化。但赫尔德对于其他民族的天赋,同样有一种真正世界主义的欣赏态度。① [133]而在柯勒律治笔下显然缺乏第二种品质,当我们转向他有关国家之间相互共存的观点时,这一点变得十分明显。

首先,正如我们在前面注意到的,对人作为人或其他的价值,柯勒律治并没有从情感角度或其他角度提出过看法。另外,他也并非不加辨别地喜欢除自己国家之外的他国公民。事实上,他的作品中充满了贬低其他民族的恶意评论。他尊重他借鉴过许多的那些德国天才,但却认为他们摇摆不定、缺乏节制。对法国人,他

---

① 赫尔德也有脾气差的时候。他对日本民族尤其没有好感,他是这样描述的(只有在最后一句话中,他才挽回了自己的相对主义立场):"日本人,受教于中国人,但似乎起源于蒙古,几乎普遍地病态、愚笨、小眼、塌鼻、面颊扁平,少胡须,大都膝盖外翻。他们的政府和哲学到处充满了严格的限制,只适合于他们的国家。"(赫尔德,《全集》[Sämmtliche Werke, Berhard Suphan, Berlin, 1887-1913],第13卷,页218。)

通常显示出一种最为冷淡的厌恶态度;他们给这个世界制造了无尽的麻烦,并且缺乏哲学天赋;他们肤浅傲慢,妄自尊大。他憎恨罗马天主教,不停朝它吐口水,其憎恨程度仅次于对"猩猩"(即拿破仑)的憎恨。

但这种不睦邻友好的奇特观点至少有一个好处。柯勒律治不会像赫尔德那样温和地认为,不管民族之间的差异多么大,它们都可以非暴力地和平相处。他不相信会存在一个不需照料的、周围不生杂草的花园。也因此,他从不回避相互共存的问题,而用一种在他看来十分直接的方式来讨论它。

柯勒律治有关民族之间相互共存的观念的确要比赫尔德更为悲观。究竟是什么导致他们在这个问题上持有迥然不同的观点,这是一个有趣的问题。也许最明显的不同在于,赫尔德关注文化,而柯勒律治关注政治。柯勒律治将赫尔德的民族同政治国家结合起来。当讨论像人类文化史这样涵盖面广的主题时,无疑很容易忽略那些令人不快的细节。但战争在国家史上占据的地位是如此突出,以至于必然得出战争是不可避免的结论。

此外,这两个人的哲学[134]之间也存在一些根本差异。柯勒律治有关相互共存的观点并没有因对能为全部历史提供合理说明的神义论命运观的信仰而遭到削弱。对他来说,历史既显示善也显示恶,既显示成功也显示失败。[①] 赫尔德相信,所有民族文化都实现了有关人性(Humanität)的不同观念,在这些有关人性的不同表达中,不能做出评判。但柯勒律治并未如此限制自己。他预设了一种普遍理念,尽管它们只能在一个有限的情景中才能获得实现。一些民族,如英格兰,较之其他民族,如法国,更接近这一理想,法国的确离这一理想有相当远的距离。简言之,某些民族是善的,某些是邪恶的。赫尔德用神意来消除原罪;柯勒律治则认为,

---

① 参见第三章。

对于严酷的历史来说,并没有这种类型的缓和剂。

柯勒律治和赫尔德都强烈反对普遍适用的世界主义理想,在这一至关重要的态度上,他们是一致的。但他们用不同的论据来为各自的态度做解释。作为一个相对主义者,赫尔德倾向于相信,这种理想根本是不存在的。他的民族主义基于如下观察:文化的生命力只有在一个有限的、特定的语境中才会产生。柯勒律治的态度更为复杂。他不否认普遍性,但他认为,只有在独特的特殊性所造成的语境中,普遍性才有现实意义。在这一问题以及在其他许多问题上,柯勒律治都展示了他的如下主张:理性和知性的区分对其整个哲学体系而言有至关重要的地位。当他的理想离开天堂、来到地上,便与一个民族的种种特殊性结合起来,于是它失去了普遍性,而成为一个独特的国家理念。

不管在哲学层面有怎样的差异,柯勒律治接受了民族主义的一个根本预设,这就是,就政治共识的程度而言,存在特定的限度。他相信,除非是在一个有强烈的共同忠诚的共同体中,否则不可能存在一个令人尊重的政治社会,这个政治社会是自由的,能容忍多样性,并且赋予个体以高贵的公民责任感。而在柯勒律治看来,如果国家的所作所为超出了这些方面,胁迫就必将取代同意。民族国家也许是平衡的和自由的,但帝国必定是独裁的。

这些运用到国际政治中的民族主义理念呼唤一个由彼此独立的国家构成的世界,每个国家都展示了它独特的民族文化。每个国家都有维护[135]自身的道德义务。这两个条件中的任何一个都是这种世界的特征,这就是,要么在人性中或造成世界和平的环境中有某种根本和谐,要么无论是何种和谐,都不足以避免至少偶尔发生的冲突。赫尔德和马志尼这样的民族主义者,相信存在根本和谐,而柯勒律治不相信这一点。他并不期待神意从时间的开端就可以永远消除人类生活中的种种紧张和不完美特征。他不相信战争可以避免,在他看来,只有那些对现实具有一种想象性把握的善良意志之人,凭借他们的真诚警觉才能避免战争。

研习国际政治的学者们可能不会反对柯勒律治关于由单个民族国家构成世界的期待。有关民族之间彼此共存的本质,现代史可以提供非常明确的证据。如果历史对未来有借鉴意义,那么这一借鉴意义便是,至少在世界富足程度方面有根本性提高、人类性格变得十分温和之前,民族国家之间的冲突还将会继续。

这一令人感伤的预测提出了一个根本问题:既然民族和国家在国际关系方面会导致如此糟糕的后果,为何还有人捍卫或容忍它们呢?要言之,像柯勒律治这类学者提出的民族主义以及与之一道提出的国家理论是否还没有遇到自己的时代呢?

第九章　今日之民族国家

[136]柯勒律治是一个卓越的保守主义者,既立足过去,又着眼未来。尽管他疑虑重重,却以一种并非全然缺乏热情的态度面对传统秩序的逝去。一方面,他十分肯定,由于法国人理论上的执迷不悟,他们在大革命期间想要创建崭新政治框架的尝试必将在实践中走向失败,而在另一方面,他又从未停止过对在英国实施成功的政治改革的希望。因此,在其政治理论中,不仅赞扬了前人的智慧,而且试图使这些前人智慧适合于革命世界的需要。终其一生的研究和思考不仅使他成为了特定传统安排的守护者,也使他成为19世纪即将获得充分发展的民族宪政国家的预言者。在他所处的时代,他的观点即使不为人赞赏,也是政治想象力取得的著名胜利。那么,柯勒律治的政治理论与当今的政治问题有相关性吗?

应该说,柯勒律治的很多理论和今天毫无关联。显然,他在大贵族和小贵族之间的关系、英国国教的教育作用、土地财产的特殊地位这些问题上抱持的观点在今天是根本不适用的。这些都是属于他理论中的特殊东西,只对历史上某些特定时刻的某一文化有效。但柯勒律治知道,特殊的制度必然会以一种适用于当下需要的方式,被重塑为一种能够反映出政治上永恒法则的形式。这便是为何在其政治理论中领导和想象力[137]的地位如此重要的原因。在第七章中我论述了,如果从他的政治理论中将那些特殊性提取出来,他看待民族国家之性质的方式是前后一致的,他一直描述的是能使民族国家保持良好健康的必要因素和平衡。事实上,柯勒律治的一般原则在考察民族国家时总是有相关性的。那么,在此存在的重要问题是,在我们当今的世界中,民族国家本身是否仍是一种具有创造力的政治模式。民族主义过时了吗?

当然,其答案部分取决于如何定义民族主义。如果民族主义是这样一种学说,宣称每个民族国家在对外关系中都有道德权利做自己想做的事,而不需要考虑对其他民族产生的后果,或者宣称在对内事务中,不管政府做出怎样的决定,公民都应该无条件地顺从权威的中央政府,那么,就可以相对容易地表明,民族主义是一种倒退的政治理论。另一方面,如果在民族主义者的定义中,包含了那些相信政治共识只有在一个有限的"民族"共同体中才能最成功地得到实现的人,那么,就必须承认民族主义是现代政治伟大的创造性力量。总体来说,迄今为止,民族被证明是唯一的语境,在其中,现代社会的改革要素可以通过一种可以维护合理程度的个体和群体自由的方式组织起来。只有在民族的语境中,对现代宪政民主具有根本意义的精妙平衡才能达成并得到保持。在英美发展起来,并在当今大多数西欧国家存在的民族国家,无疑是历史中最成功的尝试,这就是在一个如此多元和如此具有政治意识的社会中和平地达成政治共识。

毕竟,人们能够将民族主义和对它的滥用区别开来。仇外并非民族主义者的必然特征。爱国主义并不必然是好战的。民族内部的团结并不意味着对外的侵略性。内部关系紧密的家庭之间对待彼此时,并不必然像蒙塔古家族(Montagues)对待卡布莱特家族(Capulets)那样。并非所有信仰宪政民主的人都热衷于世界政府。事实上,[138]在过去一个半世纪中,情况恰恰相反。世界政府的拥护者并没有打赢英国战争。较之希特勒,称丘吉尔为民族主义者要更妥当一些。

然而,完全有可能,一方面承认民族主义的历史成就,另一方面仍然将其视为当今时代进步之路上的反对力量。可以说,我们和柯勒律治都生活在这样的世界中,在这里,传统政治的准则已不再能提供可接受的稳定的政治体系。不管民族主义者的宪政主义是多么成功地解决了上个世纪工业社会在国内所面临的问题,20世纪的诸多事件使柯勒律治的民族国家变得不合时宜。今天,人们常常说,民族主义使文明甚至生命本身都受到了威胁。一方面,从民族主义中产生的国际体系在过去一段时期十分不稳定,似乎正是它使战争成为不可避免。柯勒律治当然认为战争是凄惨的,但他却希望战争在民族主义的世界中继续爆发。既然他认为,共识只有在民族国家的有限语境中才是可能的,他就愿意接受随之而来的国家间的不稳定状态,认为这种状态是国内自由的必要代价。如今,我们无法踌躇满志地承受这种代价。核武器增加了战争可能付出的代价,以至于和平在眼下成为高于一切的问题。民族独立尽管听起来令人舒服,看起来却相当狭隘。对许多人来说,走向稳定的和平取决于削弱民族主权,并且通过一个最终指向世界政府的国际组织来取代它的功能。

但即使对怀疑世界政府的那些人来说,民族主义有时也显得不合时宜,因为单一民族国家似乎既不能确保公民安全,也不能确保他们获得富足生活。出于军事和经济方面的原因,现代技术需要较之传统国家更广阔的语境。世界政府也许是不可能的,但新兴的、大型的政治团体却有根本性的意义。这两种观点尽管有根本性差异,却可以为同一人所用。例如,莫内(Jean Monnet)拥护欧洲联邦,却认为它不过是走向最终的世界政府的伟大步伐。

[139]然而,那些想要反对民族主义的人,不仅要同理论争执,而且要与政治事实争执。如同死亡一样,民族主义不能仅仅因

为它产生令人不愉快的副作用就被消除。的确可以说,与柯勒律治时代相比,如今的民族主义更是一种现实。想要废除民族国家,即使不确立世界政府,也必须确立某种形式的巨大的超民族的政府。世界政府可以说是一个大胆无畏的项目,但绝不是一种新鲜观点。可以说,现在比任何其他时候都更难使其实现。如果拿破仑成功地使欧洲变成为一个超级国家,那么就可以设想,在那一世纪结束前,世界将会被统一在一个单一政府之下了,这就是欧洲的相对力量和世界上的其他国家的政治被动性。今天,政治意识已经广泛传播到亚非民族中,西方殖民主义已经消退,至少俄罗斯的帝国主义已经得到遏制。没有一种超级力量能建立世界霸权。美国一如既往地缺乏做主人的意愿;俄国由于美国的反对,也缺乏这种力量。事实上,两者此刻似乎都丧失了各自集团的控制权。眼下的世界可能较之现代历史上的任何时期都要远离任何形式的世界政府。当然,这一点对亚洲、非洲或南美洲来说的确是事实。当地的国家可能会合并为大型团体,但外部的控制力量将无法得到重建。事实上,在几乎所有联邦主义者的地区性团体中所做的当代实验似乎全部以失败告终。在世界上几乎所有国家中,民族国家仍然是如今政治组织最相关的形式。

如果民族国家在哪里衰退了,那么这只可能发生在它的老家,也就是西方世界,尤其是西欧。至少直至最近,才有少数几个大陆的政治家愿意公开反对欧洲联盟。即使戴高乐主义者精心守护他们的法国身份,也仍然热切地勾画他们自己有关欧洲政治团体的蓝图。① 有时,冲突似乎完全是发生在欧洲党派和一个更宏大的大西洋联盟的狂热支持者之间。经济和政治在欧洲催生了一种对超民族共同体的普遍热忱。共同市场使很多人相信一个范围更广

---

① 德勃雷(Miche Debré)的《服务国家》(Au Service de la Nation, Paris,1963)似乎削弱了这一观点。可参阅第一章 Une Jeunesse Nombreuse。

阔的经济带来的各种益处。军事防御的巨大开销和复杂性也是促使人们打破民族障碍,形成一个崭新的、不再奠基于单个民族主权基础上的国际体系的另一个强有力的动机。要言之,对很多人来说,旧秩序似乎完全过时了。但对新秩序究竟采取什么形式,还尚未达成一致。正是在上个世纪的开端,在同样充满不确定性的时期,产生了替代拿破仑的世界主义官僚国家理想的宪政民族主义国家的现代概念。民族主义者的理论,尤其是柯勒律治的理论,是否有助于当代社会对于恰当的政治共同体形式的寻求,抑或只有决绝地抛弃民族主义,才能找到新型共同体的原则?

超越民族的政治共同体最成功的新形式是"超民族的"欧洲制度,尤其是在共同市场中实现的,这一点得到了广泛承认。通常认为,在此存在一种现代制度,从中必然可以得出新的国际秩序原则。如果他们失败了,原因就不在于联邦主义理念的固有缺点,而在于一些顽固不化的国家主义者的愚蠢无知。这些新型共同体的指导原则似乎是坚决反民族的(antinational)。事实上,新欧洲的支持者们有一种将民族主义拒之门外的强烈倾向。他们论述说,欧洲需要的不仅是一个崭新的、更广的民族国家,而且是一个崭新的政治共同体形式。创造一个崭新的欧洲民族只会使反动观点和过时的形式永久化;如今的民族国家已不再是主权性的,而是"相互依存的"。

他们继续论证说,一个适当的现代欧洲政治共同体不应该是民族的,而是"超民族的"。共同市场(或欧洲经济共同体)给我们展示了一个超民族制度如何运行的例子。它并非是"主权"。它的领域尽管重要,但却是有限的。其决定的执行最终取决于民族政府开明的[141]自我利益。但它不过是一个松散的联盟。最终,许多决定都通过多数人的投票来做出。并且在此最重要的是,有一个委员会,有一个世界主义官僚专家们的永久委员会,这些专家们不仅能够进行管理,而且在提起政策动议和起草政策时发挥着重要的作用。

和民族政府相比,共同市场的突出之处在于不受大众控制和参与。尽管在此存在一个欧洲议会,但其有效性的力量却是有限的,并且无论如何,它都不是直接选出来的,而是由成员国的议会选出来的。简言之,欧洲经济共同体是受一些在技术上极其娴熟的国际公仆来领导的,这些人在一个为成员国政府接受的广泛政策和程序框架下具有极大的活动自由。共同体是由技术专家、而非政治家组成的政府,是理智的政府,而非民众的政府。其官员可以避免很多困扰民族政府的压力和考量。

到目前为止,这些体系在调节、整合欧洲经济方面取得了显著成功。这些制度能否为欧洲共同体提供必要的指引,同时又不需要民族国家其他那些繁文缛节呢?将共同体重要的政治权力置于一个政府中,而又不使这个政府成为民族忠诚和合法性的贮藏室,是否是可行的做法呢?这显然不符合经典的民族主义者们的看法。经济越壮大,多元利益越容易发生冲突,在中心就越是需要一种"能量"积极促进这些利益之间的调和,也就越有必要使想以共同善的名义行动的组织赢得大众支持和合法性光环。民族国家是能成功达成充分共识从而使权力合法化的唯一形式。因此,似乎可以得出如下结论,如果欧洲想要统一它的经济,就必须成为一个国家,如果在此产生了欧洲国家,就必须也有一个欧洲民族。

这些规定取决于如下假定,即,共识是如此难以自然地获得,以至于没有制度和忠诚编织的令人敬畏的网络这一民族国家的政治基础设施,就无法达成共识。民族主义作家们,[142]即使是自由主义者,也几乎总是强调获得共识的困难。卢梭在这个方面就如同在其他方面一样指明了道路。他指出,社会中的人是如此构成的,这就是一个人的私人利益一般来说是和邻居的利益对立的,这可以说是一项定律:

可能有人会说,每个人通过服务他人,便会有收获,社会便是这样形成的。如果他伤害其他人,他就不会获得更多,这句话是很好的。这里并没有不能被不合法取得的利益超过的如此巨大的合法取得的利益;伤害我们的邻居所获得的总是超过做好事取得的利益。①

马志尼,这个典型的自由民族主义者,也揭示了同样的模式。他始终批判人性的"利己主义",认为正是它以民族的共同善为代价造成了阶级斗争。他指出,只有通过深入的公民教育才能产生社会合作;社会和谐无法轻易获得,更不可能自动达成。

想破坏对民族国家的必要性的信仰的最有效方式,便是展示出社会合作较之以前更容易达成;并且展示,在现代西方社会,共识不再需要深入的培育,而这是民族国家的各种制度存在的目的。这些论点在当代欧洲已经是老生常谈了。接下来我们将试图概述一个"优秀"的欧洲"联邦主义者"提出的根本论证,这位联邦主义者否认民族主义理论和任何新兴的欧洲政治共同体有任何相关性。② 在他看来,正是经济学才使民族主义变得具有根本性的地位。在18世纪,自由主义经济学欢呼雀跃,衷心期待着富足和自动达成的和谐。但马尔萨斯之后,自由主义经济学成了一门令人沮丧的科学。[143]19世纪真实的经济状况为当时盛行的对人性和社会的悲观态度提供了支撑。学界试图使刚刚兴起的工业经济置于理性的控制之下,但工业经济成功地躲避了学界做出的种种

---

① 卢梭,《论不平等的起源和基础》("A Discourse on the Origin of Inequality"),见科尔(G. D. H. Cole),*The Social Contract and Discourse*,New York,1950,页275。

② 对于这些观点的概括是基于1963年夏对共同体官员和支持者们进行的一系列广泛采访。在本书末尾的文献说明中对这一相关来源做了进一步解释。我本人对联邦主义者和民族主义者有关欧洲统一之基本假设的分析,请参见新近出版的拙著《欧洲的未来:伟大的替代方案》(*Europe's Future: the Grand Alternatives*,New York,1965)一书。

第九章 今日之民族国家

尝试，生产力尚未达到"起飞点"(take-off point)①，在这里存在真正的稀缺。并且，经济学家们尚未足够充分地掌握市场运行规律，因此不能阻止极端周期性震荡的发生，当生产力充足但却没有被有效组织起来时，这些震荡往往会导致稀缺和困顿。结果是，大批人口遭遇经济困境和不安，因此容易受到敦促他们夺取政治权力以摆脱经济困难的人的煽动。要想消除下层人民这些可理解的不满，需要持续培养他们的民族忠诚。共识的达成充满了不确定性，因为它必然在很大程度上取决于心理因素，而非取决于经济因素。让普通人进入政府具有根本性意义，如此他们就将自身利益和国家利益等同起来。如果没有普遍的男性选举，并且不断地诉诸民众的利益和忠诚，政体就无法维持其极度不稳定的正当性。

这位联邦主义者的论述不止如此，他还认为，是基督教的衰落将人类带入政治生活。在那个真诚但充满怀疑的年代，本想投入到宗教之中的精神能量，却越来越多地转移到政治领域，这是文化史上人所共知的事。国家也成为了教会——柯勒律治注意到了这一趋势。个体期望通过作为一个公民、参与民主政府而获得救赎。人民要求选举权。普通人不再满足于将政府交给专业人士。他常常被告知，在时代重大问题上给出意见是他的道德义务。他的义务需要代议制民主的所有制度设置和民族国家的一切装备。总之，在19世纪，那些强有力的经济和文化力量结合起来，使大众[144]政府和民族主义变得无法避免。其中一个的支持者几乎总是另外一个的支持者，这一点绝非偶然。

我们的联邦主义者继续说，但是在二战之后的那些年月，基本的经济和文化状况经历了一场变革，这场变革如此根本，以至于成为了人类世界中意义深远的革命。在西方国家，人对自身经济状

---

① "起飞点"的概念及其含义在罗斯特(W. W. Rostow)的《经济增长的阶段》(The Stage of Economic Growth, Cambridge, 1961)一书中得到了讨论。

况的控制最终达到了一个如此高级的阶段,在这里,稀缺性和资源分配不均等过去存在的问题被放到一边。生活的普遍富足又进而消除了对积极培养忠诚的需要,而后者在 19 世纪对于维护社会和平来说有着根本性的意义。经济的稀缺性和低效率不再使阶级之间的竞争成为不可避免的恶。政治生活不再由对稀缺资源的残忍的竞争性争夺来支配。

进而,政治也丢掉了诸多精神包袱。艺术和性成为新的宗教;公众对政治的热情也已经消退。在经历了如此多的战争后,民族主义也失去了人民对它的信任。连共产主义都丧失了它传道般的狂热,至少在西方世界是如此。大众政府并未制造出能够自动导致世界和平的超人一族,也没有使政治对话变得高尚。它更多处于一种必要的恶的范畴中,而不是一剂万能妙药。

这些变化的结果是,政府机制最终可以摆脱大众政治。如今,政府由那些不带感情的专家来运作成为可能,这些专家们可以合理地规划经济增长、预测变革、并在错误变革的地方消除不利影响。在这种政体下,没有人被剥夺他在普遍富裕中享有的份额。在这样的世界中,没有人受到伤害,因而,共识的保持也就不再像以往那样异常艰难。民族国家及其所有的相关制度,因此都过时了。当需要做重大决定时,主权和合法性在形式上的牵绊都变得不必要了。欧洲"计划"并非源自群众政治战役毫无意义的口号,而是来自技艺娴熟的专家们所掌控的充满智慧的谈判。再没有必要从传统意义上的欧洲中再造一个国家。民族国家已经过时,[145]因为使它成为必要的那些经济和文化条件已经消失。

对这位联邦主义者,我想要说出的正是柯勒律治对霍布斯的人性理论所说的内容:"他的陈述即是对他的反驳。"我们熟悉的西方政治终末论(political eschatology)的两种思想——对科学的信仰和对专家的信仰结合在一起。当然,没有信仰,就什么也做不成。也许我们真的在走向一个新时代,一个商业超级繁荣的时代。

也许可以完全忽略新马尔萨斯学派(neo-Malthusians)的悲观猜测。这里的海带十分充足,空间也十分充足,如果地球上没有,月球上也会有。富庶的民族将会变得更加富有,贫穷的民族也将不再贫穷。炸弹会被禁止。黑人会爱上白人。狮子将会和羔羊同眠。所有世界都将成为瑞典。尽管如此,人在富足之中也会变得烦躁。人的贪婪和竞争性总会超越可获得的富足。柯勒律治在批评古典经济学家时,已经触及到了根本。他明了,他所处时代面临的经济的稀缺性并非源自生产的失败,而是源自过度的需求,这些需求出自文化而非经济的原因。经济学永远不能忽视伦理学;富足并非治疗罪恶的良药。人类事务中永远不可能出现自发和持久的和谐。成就源自理智上的努力和好运气。那些曾经获得的东西一定要好好保存。

柯勒律治的观点仍和它以前一样可以适用于今天的世界。并且,既然政治共同体面临的基本共识问题都是一样的,那么,他有关现代国家本质的洞见就与当代面临的民族构建问题息息相关。柯勒律治在他的时代强烈反对任何意义上的广泛的欧洲政治联合,这就似乎使他的理论不可能成为新欧洲或大西洋共同体理念的来源。但这个判断是肤浅的。因为对他来说,建立在拿破仑模式基础上的欧洲联盟似乎意味着要将异族独裁强加给各个不同的、自给自足的民族,其中也包括英国人。相对来说,他更喜欢他自己的民族国家,这个民族国家的基础是同意而不是强力。

无需多言,如今会有截然不同的选择。[146]英国最终是否会加入到新欧洲民族的创造中呢?也许会,因为这看起来是保持柯勒律治热爱的那种社会健康和发展的最佳方式。他清楚,他所处时代的民族国家并非是天国的永恒产物,而是历史的产物。毫无疑问,他清晰地意识到,英国不是英格兰、苏格兰、威尔士和爱尔兰自发融合形成的。历史为各民族设定了边界;也许只有历史才能改变这些边界。简言之,在讨论柯勒律治的民族主义与现时代的相关性时,我们应该牢记,没有任何东西能够将他的国家定义与任何特定的民族环境联系在一起。对他的定义来说,最为根本性的是意识到,这个语境必须是有限的,只有在利益、忠诚和身份的有限的共同体中,才能获得弥足珍贵的共识——而这样的共同体决不可能是普遍性的。

但我们不应受到误导,因为在此会出现一些被称为"超民族的"新型民族国家。在热情的苏格兰人看来,伦敦可能是一个超民族的政府。但这并不妨碍大不列颠成为一个"民族"国家。也许,为了同高度集权化区别开来,称它是一个"联邦"国家是有好处的,而高度集权似乎是某些古老的欧洲国家的令人不安的特点。但是这里需要再一次提醒的是,我们不应被这个术语所误导。此种意义上的联邦主义只是宪政主义的一种特殊形式,它之所以令人满意,是因为它似乎是创造一个内在一贯的政治共同体的最有效和最现实的途径,与此同时,又能维护在任何优良社会中具有根本意义的自由和平衡。换句话说,联邦主义和柯勒律治的民族国家不一定不相容。美国便是二者的统一。

如果超民族国家和民族国家没有那么大的差异,那么超民族国家的需求同19世纪民族国家的需求之间没有相似之处,就令人奇怪了。问题可以在量上有所不同,但在质上却相同。这不是说新欧洲的制度必定和民族政府的制度平行,更别说同1930年的英国制度平行了。但无论有利于欧洲理念的制度如何演进,仍会遇到一些令人熟知的难题。仍然需要在引起争论的多样性之间找到平衡。在这里仍然会有穷人和富人,有激进和保守,有知识分子和[147]商人,有南北,分东西。除非我们在千禧年的边缘找到一种平衡,否则,这些利益将最终会以最通常的方式发生碰撞。如果自由人想要解决这些随之而来的问题,那么就必须要用到一些有关整体的普遍利益的概念。持久和进步的需求不是真实的吗?活跃和潜在的力量不也是真实的吗?最初的问题是要将力量赋予积极的核心权力,但最终社会的健康取决于潜在力量的产生,后者仍然忠诚于作为整体的共同体。在由多民族构成的国家所面临的种种混乱中,对知识分子描绘出一个更宏大的共和国愿景的需要,将会变得更为强烈。新联合中的公民不可能像弥尔顿那样富有见识,也不会在没有一个表达普遍忠诚的人格化象征时就一往无前。不能要求公民们为那些超出他们想象力的、不现实的东西做出牺牲,或者要求他们去热爱这些东西。

简言之,除非新欧洲的政治立足于力量或魔力,否则共识的古老问题仍将存在。如今的确是创造性思维的时代,对这个时代来说,认为世界创造于1945年的那些理论的确不合时宜。

在上个世纪初,现代工业主义和法国大革命对西方世界的政治想象力提出了巨大挑战。最人道也是最成功的回应便是宪政主义的民族国家。如今,对于创造性政治思维的挑战仍然迫切。柯勒律治的著作提出了一种令人印象深刻、并且也相当精致的对于现代民族国家的研究。不止如此,有关他的政治观点的研究空间还很宽广。他的想象不仅高屋建瓴、关注整体,也强烈关注决定普通人命运的不那么整齐的细节。倘若说他的真知灼见与我们眼下拥有的世界没有关系、与我们在未来可能创造的世界没有关系,这才是令人奇怪的事。

有关参考文献的说明

[149]我有关柯勒律治政治哲学的主要参考文献如下:《论当前存在的痛楚和不满——致中高阶层的平信徒布道》(*A Lay Sermon Addressed to Higher and Middle Classes on the Existing Distresses and Discontents*, 1817),《论教会及国家的宪法——基于二者的理念》(*On the Constitution of the Church and State According to the Idea of Each*, 第一版, 1830),《朋友:有助于在政治、道德和宗教领域形成特定原则的系列论文》(*The Friend: A Series of Essays to Aid in the Formation of Fixed Principles in Politics, Morals, and Religion* 第一版,1809-1810)。也包括第一篇平信徒布道,题为《政治家手册:抑或论作为政治技艺和远见的最佳指南的圣经》(*The Statesman's Manual: Or the Bible the best Guide to Political Skill and Foresight*,1816年)。我也使用了上述著作的最后修订版,也就是由亨利·柯勒律治(Henry Nelson Coleridge)主持修订的本子,刊印在施德(W. G. T. Shedd)主编的《柯勒律治全集》(*The Complete Works of Samuel Taylor Coleridge*,New York,1858-1868)中。此外,我也大量使用了大英博物馆(Add. MSS 27901 和 47496-47550)和纽约公共图书馆伯格系列(New York Public Library, Berg Collection)收藏的柯勒律治笔记。这些笔记以《柯勒律治笔记》

(*The Notebooks of Samuel Taylor Coleridge*, London, Routledge and Kegan Paul, 1957–)为题,在科伯恩(Kathleen Coburn)的主持下正逐步出版。

关于政治观点的其他资料还包括萨拉·柯勒律治(Sara Coleridge)主编的《柯勒律治论他的时代》(*Essays on His Own Times*, 3卷本,London, Pickering, 1850);格里格(Earl Leslie Griggs)主编的《柯勒律治书信集》(4卷本,Oxford, Clarendon Press, 1956–1959);《制造业童工状况专门委员会听证会相关证据阅读后提出之备忘》(*Memoranda Suggested during a Perusal of the Minutes of Evidence before the Select Committee on the State of Children Employed in Manufacture*, 1816,纽约公共图书馆伯格系列)和《席边漫谈》(Table Talk,全集卷七)。我也使用了《论针对皮尔勋爵法案原则的反对意见》(*Remarks on the Objections which have been Urged against the Principle of Sir Robert Peer's Bill*, 1818年)和[150]《柯勒律治对皮尔勋爵法案之基础的论证》(*The Grounds of Sir Robert Peel's Bill Vindicated by S. T. Coleridge*, 1818年),它们和柯勒律治的其他政治和哲学作品的有用汇编一起,重印在科伯恩主编的《勇于探究之精神:基于柯勒律治出版和未出版之散文作品对他的新解读》(*Inquiring Spirit: A New Presentation of Coleridge from his Published and Unpublished Prose Writings*, London, Routledge and Kegan Paul, 1951)。

关于柯勒律治的一般哲学,除《宗教与国家的宪法》、《朋友》和《笔记》之外,我也在很大程度上参考了肖克罗斯(John Shawcross)编辑的《文学生涯》(*Biographia Literaria*, 2卷本,Oxford, Clarendon Press, 1907);科伯恩编辑的《柯勒律治哲学演讲集》(*The Philosophical Lectures of Samuel Taylor*, London, Pilot Press, 1949)中提供的素材和评注;斯奈德(Alice D. Snyder)编辑的《柯勒律治论逻辑和知识》(*Coleridge on Logic and Learning*, New

Haven, Yale University Press, 1929)以及《柯勒律治论方法》(*S. T. Coleridge on Method*, London, Constable, 1934)。

对柯勒律治哲学进行同情理解和全面的研究(尽管十分困难),见于缪尔海德(John H. Muirhead)的《作为哲学家的柯勒律治》(*Coleridge as Philosopher*, London, George Allen and Unwin, 1930)。对于作为诗人和文学批评家的柯勒律治有许多研究,在这些具体研究中,我认为有两项发人深省、非常有帮助,这就是理查德(I. A. Richards)的《柯勒律治论想象》(*Coleridge on Imagination*, Bloomington, Indiana University Press, 1960)和威利(Basil Willey)的《柯勒律治论想象和幻想》("Coleridge on Imagination and Fancy"),载于不列颠学院1946年的《沃顿英国诗讲座》(*Walton Lecture on English Poetry*, London, Cumberlege, 1947)。我也使用了关于柯勒律治宗教思想的一项最新研究成果,即博尔杰(James D. Boulger)的《作为宗教思想家的柯勒律治》(*Coleridge as Religious Thinker*, 参见耶鲁英国研究系列 [Yale Studies in English], 第151辑, New Haven, 1961)。

近年来,有两部书讨论了柯勒律治政治学的特定方面:一部是柯尔默(John Colmer)的《柯勒律治:社会批评家》(*Coleridge: Critic of Society*, Oxford, Clarendon Press, 1959),这本书写得十分精彩,主要关注柯勒律治作为政治新闻记者的一生,以及他有关当时特定的社会、宪法以及国际问题的观点;另一部是肯尼迪(William F. Kennedy)的《人文主义者抑或经济学家:柯勒律治的经济思想》(*Humanist versus Economist: The Economic Thought of Samuel Taylor Coleridge*, 加州大学经济学丛书,第17辑, Berkeley, University of California Press, 1958),该书注意到柯勒律治解决经济学问题的整个进路的现代性,也注意到他对与古典经济学相对的现代传统的发展所产生的重要影响。伍德林(Carl R. Woodring)的[151]《柯勒律治诗歌中的政治学》(*Politics in the Poetry of Coleridge*,

Madison, University of Wisconsin Press, 1961)探讨了柯勒律治诗歌中的政治理念。两篇讨论柯勒律治政治理论的论文:比利(H. Beeley)的《柯勒律治的政治思想》("The Political Thought of Coleridge"),载于《柯勒律治:不同作者的研究》(*Coleridge: Studies by Several Hands*, Edmund Blunden and Earl Leslie Griggs, London, Constable, 1934),和穆勒(John Stuart Mill)的著名研究《论柯勒律治》(Coleridge),载于《论文和讨论》(*Dissertations and Discussions*, 2卷本,London, 1859)卷一。布林顿(Crane Brinton)的《英国浪漫主义作家的政治理念》(*The Political Ideas of the English Romantics*, London, Oxford University Press, Milford, 1926),科班(Alfred Cobban)的《柏克和十八世纪的反叛:华兹华斯、柯勒律治和骚塞的政治和社会思想研究》(*Edmund Burke and the Revolt against the Eighteenth Century: A Study of the Political and Social Thinking of Wordsworth*, Coleridge and Southey, London, Allen and Unwin, 1929),这些著作在对一般的政治思想进行研究时,对柯勒律治的思想进行了详尽讨论。

怀特(R. J. White)的《柯勒律治的政治思想:选集》(*The Polticical Thought of Samuel Taylor Coleridge: A Selection*, London, 1938),以及同一作者的《华兹华斯、柯勒律治和雪莱的政治短文》(Political Tracts of Wordsworth, Coleridge and Shelley, Cambridge, 1953)则收录了柯勒律治政治作品的选摘。

如果要列一个讨论"浪漫主义"这一术语的重要著作书目可能需要很长篇幅。在此只列举两部著作,因为它们对我的观点的形成起到了重要作用。它们是巴尔赞(Jacques Barzun)的《古典、浪漫主义和现代》(*Classic, Romantic and Modern*, Garden City, Doubleday, 1961)和拉夫乔伊(Arthur O. Lovejoy)的《理性、知性与时间》(*The Reason, the Understanding and Time*, Baltimore, The Johns Hopkins Press, 1961)。

讨论欧洲一体化的书在数量上与日俱增。我在这本书中将柯勒律治的民族主义与功能主义思路对立起来,后者在下列书中得到了很好展示:基青格(Uew W. Kitzinger)的《共同市场的挑战》(*The Challenge of the Common Market*, Oxford, Blackwell, 1962);普赖斯(Roy Pryce)的《欧洲共同体的政治未来》(*The Political Future of the European Community*, London, J. Marshbank in Association with the Federal Trust, 1962)。布鲁格曼(Henri Brugman)的《欧洲理念(1918-1965)》(*L'Idée Européenne, 1918-1965*, Bruges, De Temple, 1965)对整个欧洲运动做了宽泛研究。我的《欧洲之未来:伟大的选择》(*Europe's Future: The Grand Alternatives*, New York, Horizon, 1965)则试图分析有关欧洲统一的联邦主义和民族主义思路背后的基本假定。

索 引

(索引中的页码为原书页码)

Addington,爱丁顿,Henry,亨利,Attacked by STC,柯勒律治对他的攻击,页 69-71
Aristotle,亚里士多德,页 80,页 129; *Politics*,《政治学》,页 106
Ashton, T. S.,阿什顿,T. S.,第 16 页注释
Austin,奥斯丁,John,约翰,页 73
Bentham,边沁,Jeremy,杰里米,页 73,页 113;mind of,其思想,页 3;understanding of modern state,对现代国家的理解,页 7;STC's view of his philosophy,柯勒律治对于其哲学的看法,页 9,页 36;political economy of,政治经济学,页 10-17;failure as philosopher,作为哲学家的失败,页 19;and elitism,精英主义,页 122,页 123
Bergson,柏格森,Henri,亨瑞,页 45,页 53-54
"Bibliolatry",圣经崇拜,页 115
Blake,布莱克,William,威廉,页 48,页 52,页 57 注释;quoted,引用,页 33
British Constitution,英国宪政,页 3,页 108;and Coleridgean Constitution,和柯勒律治的宪法,页 86-89;Idea of,其理念,页 92-102
Burke,柏克,Edmund,埃德蒙;as a conservative,作为一个保守派,页 3,页 7;on the French Revolution,关于法国革命,页 5;on the State,关于国家,页 7,页 22,页 23,页 59,页 73;sensitivity,敏感性,页 40;criticized by STC,受到了柯勒律治的批判,页 44 注释;as a romantic,作为一个浪漫主义者,页 48,页 59;heritage of, in the United States,遗产,在美国,页 120

Carlyle, 卡莱尔, Thomas, 托马斯; concept of hero, 英雄的概念, 页 45, 页 56; quoted on STC, 关于柯勒律治的引语, 页 103

Cartwright, 卡特赖特, Major John, 梅杰·约翰, 页 9, 页 64, 页 112

Christianity, 基督教; and Romantics 和浪漫主义,者 页 52; and the State 和国家, 页 129-131; and federalism 和联邦主义, 页 143, See also Church of England 也可参阅英国国教; National Church 国家教会; Roman Catholic Church 罗马天主教会

Church of England, 英国国教, 页 4, 页 98, 页 99; STC on 柯勒律治对其的阐述, 页 3, 页 18; compared with French Church, 与法国教会的比较, 页112-112; evangelicalism, 福音派的教义, 页 112-113; historically, 历史的, 页 112-116, and STC's National Church, 和柯勒律治的国家教会, 页 118-119, 页 130-132, See also Christianity, 也可参阅基督教; National Church, 国教教会; Roman Catholic Church, 罗马天主教会

Clerisy, 知识阶层, 页 97, 页 99, 页 115, 页 117, 页 118-119, 页 147

Coleridge, 柯勒律治; Samuel Taylor, 塞缪尔·泰勒; critical approaches to, 关键性思路, 页 vii-viii, 页 28-29; Morning Post,《晨间邮报》1 n.页 1 注释, 页 69; life, 生平, 页 1-3; influence, 影响, 页 2, 页 7, 页 20 注释., and French revolution, 和法国革命, 页 3, 页 56, 页 22-23, 页 57 注释, 页 63-64, 页 65-66, 页 137; as a conservative, 作为一个保守派, 页 3-8, 页 69, 页 119-120, 页 123 注释, 页 136; importance for today, 对于当代的重要性, 页 7, 页 8, 页 110-11, 页 115-19, 页 120-24, 页 136-47; *Lay Sermon*,《平信徒布道》, 页 9, 页 10, 页 16 注释; criticism of English political economists, 对于英国政治经济学家的批判, 页 9, 页 10-16, 页 83; views his age, 对其所处时代的看法, 页 9, 页 16-20, 页 27; criticism of narrow views, 对狭隘观点的批判, 页 9, 页 43 注释, 页 45, 页 63, 页 123; criticism of Tory reactionaries, 对托利党反动派的批判, 页 9, 页 63, 页 69-74; criticism of [154] democratic Utopians, 对于民主乌托邦主义者的批判; 页 9, 页 63-69; *Friend*,《朋友》, 页 9, 页 71, 页 118, 页 126, 页 128; political economy, 政治经济, 页 11-17, relation to his thought, 和其思想的关系, 页 16-21; on role of government, 关于政府的角色, 页 20-27; lack of faith in Parliament, 对议会缺乏信任; 页 21, 页 121; on private property, 关于私有财产, 页 23-26, 页 79, 页 106-07, 页 109-10; method, 方法, 页 29-32, 页 63, 页 68, 页 87, 页 91, 页 105-06; *Encyclopaedia Metropolitana*,《大都市百科全书》, 页 32; on God, 关于上帝, 页 33, 页 37, 页 38, 页 39, 页 41-44; on Nature, 关于自然, 页 33-35, 页 39, 页 68, 页 82; *Notebooks*,《笔记》页 35,

索　引

页 80,页 84;and constitutionalism,宪法主义,页 39-40,页 86-91,页 92-102,页 119-20;and Romanticism,浪漫主义,页 39-41,页 44,页 45,页 46,页 58;and aristocracy,贵族政治,页 40-41,页 69,页 123;free will,自由意志,页 41-44;pantheism and fatalism,泛神主义和宿命主义,页 41-44,页 53,页 68;*Church and State*,教会与国家,页 43 注释,页 62,页 76,页 77,页 103,页 104,页 105-06,页 117,页 119;criticism of Rousseau,对卢梭的评论,页 44 注释,页 64-69;as a Romantic,作为一个浪漫主义者,页 52,页 57 注释,页 60,页 62;debt to Schelling,对谢林的亏欠,页 53 注释;criticism of Hobbes,对霍布斯的评论,页 71-73,页 74,页 145;Idea of the State,国家的理念,页 76-78,页 86,页 105-24;bases of the State,国家的基础,页 78-85;"Constitution,"宪法页 86-91,页 110;Idea of British Constitution,英国宪法的理念,页 92-102;fear of unpropertied intellectual,对于缺乏财产的知识分子的担忧,页 95,页 111;and need for political imagination,对政治想象的需要,页 103-04;pluralism,多元主义,页 106-09;moral of all history,历史的教训,页 108;on education,关于教育,页 121,页 123-24;and foreign affairs,外国事务,页 125-35;highest moral duty of State,国家最高的道德义务,页 126-29;compared with Herder,和赫尔德的比较,页 131-35;and modern nation-state,现代民族国家,页 136-47

Common Market,共同市场,页 140-141

Conservatism,保守主义;true tradition of,其真正的传统,页 3;irrational,非理性的,页 4;

STC and,柯勒律治,页 4,页 69,页 119-120,页 123 注释,页 136(see also Coleridge,也可参阅柯勒律治);and change,和变革,页 6-7;and nation-state,页 7;attacked by STC,受到了柯勒律治的攻击,页 9,页 26,页 69-74;"stupid"Country Party,"愚蠢"的乡村党,页 25,页 96;Tory view of man,托利党对于人类的看法,页 71;on suffrage,关于选举权,页 111-112;heritage of,其遗产,页 119. See also Addington;Burke;Carlyle;Pitt 也看参阅爱丁顿;柏克;卡莱尔;皮特

Constitution(Coleridgean),宪法(柯勒律治色彩的),页 86-91,页 92-102,页 110

Darwin,Charles,达尔文,查尔斯,页 103;and Darwinists,和达尔文主义者,页 125

Denmark,丹麦,fleet destroyed by British,被英国摧毁的舰队,页 126

Descartes,笛卡尔,René,勒奈,页 32;STC seeks to refute,柯勒律治对其的驳斥,页 34

Disraeli,迪斯雷利,Benjamin,本杰明:*Coningsby*,《康宁斯比》,页 5 注释;and Young England,年轻的英格兰,页 103

Education,教育:and reform,改革,页 26;and suffrage,和选举权,页 95;and national Church,和国家教会,页 96-97;aim of,其目标,页 121,页 123-124

Engels,恩格斯,Friedrich,弗里德里希,页 16 注释

England,英格兰,condition of:其状况:STC dissatisfied with,柯勒律治的不满,页 9;reasons for,其原因,页 16 注释,页 26

Enlightenment (and Neo-Classicism),启蒙运动(和新古典运动)页 3,页 4,页 47;opposed to Romanticism,对浪漫主义的反对,页 48;Romanticism as a reaction to,作为其反叛的浪漫主义,页 50-52,页 56,页 59;Reason in,启蒙运动的理性,页 51-52;criticized by Romantics,浪漫主义者的批判,页 60;and Sturm und Drang,狂飙运动,页 61;cosmopolitanism,世界主义,页 129

Esemplastic power,融合作用,页 41

Fancy,幻象,defined,定义,页 34-35

Federalism(modern),联邦主义(现代),页 142-145

Florence,佛罗伦萨,页 93

French Revolution,法国革命,页 136,页 147;STC on,柯勒律治对之的评价,页 3,页 57 注释,页 65-66;challenge to conservatives,对保守派的挑战,页 4-5;Exacerbates difficulties of 1815,使 1815 年的困难更加恶化,;effect on Burke and STC,对柏克和柯勒律治的影响,页 22-23;Romantics and,浪漫主义和法国革命,页 57;STC and,柯勒律治和法国革命,页 63-63;refutes Hobbes,对霍布斯的驳斥,页 73-74. See also Napoleon; Napoleonic Wars,也可参阅拿破仑,拿破仑战争

Fricker,弗里克,Sarah,莎拉,页 1 注释。

Gaullists,戴高乐派,页 139

God,上帝,of Romantics,浪漫主义者的上帝,页 52-53

[155]Goethe,歌德,Johann Wolfgang von,约翰·沃尔夫冈·冯,页 48,页 55

Hartley,哈特利,David,大卫,页 3,页 41 注释

索　引

Hayek,哈耶克,F. A.,页16注释
Hegel,黑格尔,Georg Wilhelm Friedrich,格奥尔格・威廉・弗里德里希,页 33,页56,页57-58,页60-61,页74
Herder,赫尔德,Johann Gottfried von,约翰・哥特弗雷德,页33,页48,页60, 页62注释,页79; as cultural individualist,作为文化个人主义者,页51; denies pantheism,否认泛神论,页52; view of international relations,对于国家关系的看法,页125; compared with STC,与柯勒律治的对比,页 131-135
Highgate,海格特,STC at,柯勒律治在海格特,页1注释,页103
History,历史: Enlightenment view of,启蒙运动对于历史的看法,页56; Romantic view of,浪漫主义对于历史的看法,页58-59; moral of,历史的道德,页108
Hobbes,霍布斯,Thomas,托马斯,页24,页59,页85,页86,页145; STC on, 柯勒律治对于霍布斯的看法,页71-73,页74
Hume,休谟,David,大卫,页32,页48,页73,页78,页87

Idea,理念,页56-57,页81,页85,页86: STC concept of,柯勒律治对于理念的定义,页21-22,页35; of the Constitution,宪法的理念,页57,页86-89; 页101-102; of the State,国家的理念,页76-78,页86,页99; of the Social Contract,社会契约的理念,页87
Idealism,理想主义, Idealists,理想主义者,页74,页85-86,页116,页117, 页121,页123,页129,页130
Imagination(political),想象(政治的): for rulers in STC's,对于柯勒律治的领导者,页40-41,页104,页108-109,页119, obtained through education, 通过教育获得,页123; STC and example of,柯勒律治和其典型代表,页 103-104
Imagination,想象,Primary and Secondary,原初和次级,页36-38,页41注释, 页44-45,页68-69; defined,定义,页34

Jacobi,雅各比,Friedrich Heinrich,弗里德里希・海因里希,页48-52

Kant,康德,Immanuel,伊曼努尔,页42注释,页48,页53注释,页55,页58
Keynes,凯恩斯,John Maynard,约翰・梅纳德,and Keynesians 和凯恩斯主义者,页2,页20,页103
Kings,国王: role of,其作用,页80-81,页100; as "beam of the scales",作为

"天平的横杆",页94;as titular head of national Church,作为国家教会名义上的首领,页98

Lessing,莱辛,Gotthold Ephraim,戈特霍尔德·埃夫莱姆,页48
Lex equilibrii,平衡法,页93,页105-106,页129
Lippmann,李普曼,Walter,沃尔特,页108
Locke,洛克,John,约翰,页24,页59,页74,页77,页79;and labor theory of value,和劳动价值理论,页23
Lovejoy,拉夫乔伊,Arthur O.,亚瑟O:and free will,和自由意志,页41注释;proposes to exorcise "Romantic" from vocabulary,提出从字典中祛除"浪漫主义"一词,页48-49

Malthus,马尔萨斯,Thomas Robert,托马斯·罗伯特:political economy of,其政治经济学理论,页10-17,页145;and gloomy science,和忧郁的科学,页142
Marx,马克思,Karl,卡尔,页16注释,页85
Mazzini,马志尼,Giuseppe,朱塞佩,页128,页135,页142
Mill,James,密尔,詹姆斯:principles of,其原则,页9;and the Church,和教会,页113
Mill,穆勒,John Stuart,约翰·斯图亚特,页121;quoted on STC,关于柯勒律治的引语,页2-3;fear of majority,对多数人的恐惧,页40,页106;misunderstanding of STC,对柯勒律治的误解,页92
Milton,弥尔顿,John,约翰,页22,页58注释,页147
Monnet,莫奈,Jean,让,页138

Napoleon,拿破仑,页126,页139;STC's view of,柯勒律治对其的看法,页123注释,页133
Napoleonic Wars,拿破仑战争,页10,页14-15,页74
National Church,国家教会,页77,页90,页92,页111;modern application of,国家教会的现代适用性,页96-97;relationship to State,和国家的关系,页96-99,页114-116;purpose of,其目的,页98,页109,页130-131;historical change of,其历史变迁,页143. See also Christianity;Church of England;Clerisy;Roman Catholic Church,也可参阅基督教会,英国国教;知识阶层;罗马天主教会
National States, nation-states,民族国家,:STC's vision of, 柯勒律治对其的想

象,页 6-7; conservative concept, 保守主义对其的定义,页 7; Romantic concept, 浪漫主义对其的定义,页 62; as necessary, 作为必然,页 79-83; in international relations, 在国际关系中,页 125-135; modern, 现代民族国家,页 136-147; as obsolete, 作为过时之物,页 144-145. See also British Constitution; State, 也可参阅英国宪法,国家

Nationalty, 国家资产,页 97, 页 117

Nature, 自然: to STC, 对于柯勒律治,页 33-35, 页 39, 页 68, 页 82; to Romantics, 对于浪漫主义者,页 33, 页 52-53, 页 54, 页 56

[156] Neo-Epicureans, 新享乐主义,页 9, 页 19. See also Bentham; Milthus; Mill, James; Ricardo, 也可参与边沁;马尔萨斯;密尔,詹姆斯;李嘉图

Original Sin, 原罪,页 53

Oxford Movement, 牛津运动,页 53

Paine, 潘恩, Thomas, 托马斯,页 112,页 120,页 131; and basis of modern state, 和现代国家之基础,页 7,页 40; STC's view of, 柯勒律治对其的看法,页 9,页 64; as village atheist, 作为乡间的无神论者,页 113

Pantisocracy, 乌托邦,页 1 注释,页 3, 17, 页 112

Permanence and Progression, 持久性和进步性: Victorian Compromise as a synthesis, 作为一个对立统一体的维多利亚时代的和解,页 6; explained, 解释,页 92-94; causes of imbalance, 失衡的原因,页 94-96; today, 今时今日,页 111, 页 146

Physiocrats, 重农主义者, STC's objections to, 柯勒律治对其的反对,页 64

Pitt, 皮特, William (the Younger) 威廉(小): STC's attitude toward, 柯勒律治对其的态度,页 5, 页 9; education of, 皮特受到的教育,页 69; attacked by STC, 柯勒律治对其的谴责,页 69-70

Plato, 柏拉图,页 45, 页 125-127, 页 129

Pluralism, 多元主义,页 106-109

Power, 力量, Active and Potential, 活跃的和潜在的,页 92,页 102,页 106,页 107; defined, 定义,页 99-101

Propriety, 私有财产,页 97

Reason, 理性: and political philosophy, 和政治哲学,页 44 注释,页 123; and Enlightenment, 和启蒙运动,页 51; Utopians and, 乌托邦和理性,页 64, 页 66-68, 页 105; and property, 其和财产,页 111-113

Reason and the understanding,理性和理解,页 40-41,页 44 注释,页 55,页 75,页 91,页 128,页 129,页 131 注释;defined,定义,页 35-36;described,对其的描述,页 35-36;importance of,其重要性,页 38-39,页 123,页 134;in STC's psychology,其在柯勒律治的心理学中,页 63-66

Reform Bill,改革法案,页 103;STC's opposition to,柯勒律治对其的反对,页 96

Ricardo,李嘉图,David,大卫:economic principles,经济学原则,页 10-11,opposed by STC,柯勒律治对其的批判,页 10-17,页 145;as philosopher,作为一个哲学家,页 19

Rhodes,罗德斯,Cecil,塞西尔,页 59

Roman Catholic Church,罗马天主教会:STC's opinion of,柯勒律治对其的看法,页 84,页 115,页 117;in France,罗马天主教会在法国,页 112-113

Romanticism,浪漫主义,Romantics,浪漫主义者,view of Nature,其对于自然的看法,33;constitutionalism,宪法主义,页 39-40,页 47 注释;and STC,和柯勒律治,页 39-41,页 44,页 45-46,页 57 注释,页 58,页 62,页 123,页 126;pantheism and fatalism,泛神主义和宿命主义,页 45,页 52,页 58;and the Imagination,和政治想象,页 45-46;political theory of,浪漫主义的政治理论,页 45-46;defined,定义,页 47-62;stages of,浪漫主义的不用阶段,页 61-62

Rousseau,卢梭,Jean Jacques,让·雅克,页 48,页 73,页 78;criticized by STC,柯勒律治对其的批评,页 44 注释,页 64-69;Social Contract,《社会契约论》页 65,页 129,quoted,引语,页 142;and Hobbes,和霍布斯,页 72;and STC,和柯勒律治,页 74,页 79,页 90,页 109,页 119,页 129

Schilling,谢林,Friedrich Wilhelm Joseph von,弗里德里希·威廉·约瑟夫·冯,页 53,页 60

Sense,感觉,页 63,;as basis of Hobbes' view of man,作为霍布斯人类理论之基础,页 71

Shakespeare,莎士比亚,William,威廉,页 51;illustration from,莎士比亚中的例证,页 29-31,页 35,页 40-41

Smith,史密斯,Adam,亚当,opposed by STC,柯勒律治对其的反对,页 10-17

Social Contract,社会契约,页 73,页 87,页 108. See also Rousseau:*Social Contract*,也可参阅卢梭:《社会契约论》

Socrates,苏格拉底,页 129

Southey,骚赛,Robert,罗伯特,页 3,页 48,页 123 注释

"Spirit of Commerce","商业精神":run wild,大行其道,页 15;balance of,其的平衡物,页 17-18,页 20-26,页 108

"Spirit of the State","国家精神": to balance "Spirit of Commerce,",作为"商业精神"的平衡物,页 20,页 108;defined,定义,页 21-26;effect on modern scholar,对现代学者的影响,页 121

State,国家:STC's definition,柯勒律治对其的定义,页 28,页 75,页 76-78,页 105-124;Reason and the Understanding in,理性和理解在国家中,页 39-40;Romantic idea of,浪漫主义国家的理念,页 56-57;Utopian idea of,乌托邦主义国家的理念,页 64;STC's bases of,国家之基础,页 78-85;STC's Civil State,柯勒律治的公民国家,页 92-96-99,页 114-116;need for balance in,在国家中需要平衡物,页 100;in international relations,在国家关系中,页 125-135;today,今日之国家,页 136-147.See also British Constitution;Idea;National States,也可参阅英国宪法;理念;民族国家

Suffrage,投票权:tied to property,和财产权的紧密联系,for STC,对于柯勒律治来说,页 94-95,页 109-110,today,今日,页 110-111,页 143

[157]Talleyrand-Périgord,德塔列朗—佩里戈尔,Charles Maurice de,夏尔·莫里斯,页 78

Tennyson,坦尼森,Alfred Lord,阿佛烈男爵,*Ulysses*,《尤利西斯》,quoted,引语,页 59 Tocqueville,托克维尔,Alexis de 亚历西斯·德: and majority,多数人,页 40,页 106; and suffrage,选举权,页 110

Understanding,理解. See Reason and Understanding,也可参阅理性和理解

Venice,威尼斯,页 93
Voltaire,伏尔泰,页 51,页 113,页 131

Wages,工资,Iron Law of,工资的铁律,页 11
Webb,韦伯,Beatrice and Sidney,比阿特里斯和西德尼,页 121-123
Wellesley,威尔斯利,Marquess Richard Colley,理查德·科利侯爵,页 126 注释
Wilson,威尔森,Woodrow,伍德罗,页 125
Wordsworth,华兹华斯,William,威廉,页 3,页 48,页 52:with STC in Germany,和柯勒律治在德国,页 1 注释;and Schelling,和谢林,页 53 注释;and STC,和柯勒律治,页 123 注释

图书在版编目(CIP)数据

柯勒律治与现代国家理念 /(美)卡莱欧著;吴安新、杨颖译.黄涛校.
--上海:华东师范大学出版社,2015.9
(经典与解释·不列颠古典法学丛编)
ISBN 978-7-5675-3923-5
Ⅰ.①柯… Ⅱ.①卡… ②吴… ③杨… ④黄… Ⅲ.①柯勒律治,S.T.(1772~1834)-政治哲学-研究 Ⅳ.①D095.614
中国版本图书馆 CIP 数据核字(2015)第 171744 号

华东师范大学出版社六点分社
企划人 倪为国

COLERIDGE AND THE IDEA OF THE MODERN STATE
By David P.Calleo
Copyright © 1966 by Yale University
Originally published by Yale University Press
Chinese Simplified Translation Copyright © 2015 by East China Normal University Press Ltd
Published by arrangement with Yale University Press through Bardon-Chinese Media Agency
博达著作权代理有限公司
ALL RIGHTS RESERVED.
上海市版权局著作权合同登记 图字:09-2015-271 号

不列颠古典法学丛编
柯勒律治与现代国家理念

著 者	(美)卡莱欧
译 者	吴安新 杨 颖
校 者	黄 涛
审读编辑	戴连焜
责任编辑	彭文曼
封面设计	吴元瑛
出版发行	华东师范大学出版社
社 址	上海市中山北路3663号 邮编 200062
网 址	www.ecnupress.com.cn
电 话	021-60821666 行政传真 021-62572105
客服电话	021-62865537 门市(邮购)电话 021-62869887
地 址	上海市中山北路3663号华东师范大学校内先锋路口
网 店	http://hdsdcbs.tmall.com
印 刷 者	上海景条印刷有限公司
开 本	890×1240 1/32
插 页	2
印 张	5.5
字 数	125千字
版 次	2015年9月第1版
印 次	2015年9月第1次
书 号	ISBN 978-7-5675-3923-5/D·194
定 价	34.80元
出 版 人	王焰

(如发现本版图书有印订质量问题,请寄回本社客服中心调换或电话021-62865537联系)